Katja Maria Werker

Wo keine Worte sind, da ist Musik

Eine junge Sängerin bewältigt ihre Vergangenheit

Aufgezeichnet unter der Mitarbeit von Martina Sahler

BASTEI LÜBBE TASCHENBUCH
Band 61488

1. Auflage: Mai 2002

Aus persönlichkeitsrechtlichen Gründen
wurden Namen und Details geändert.

Vollständige Taschenbuchausgabe

Bastei Lübbe Taschenbücher ist ein Imprint
der Verlagsgruppe Lübbe

Originalausgabe
© 2002 by Verlagsgruppe Lübbe GmbH & Co. KG,
Bergisch Gladbach
Umschlaggestaltung: Gisela Kullowatz
Titelbild: Mechthild Op Gen Oorth
Satz: hanseatenSatz-bremen, Bremen
Druck und Verarbeitung: Ebner & Spiegel, Ulm
Printed in Germany
ISBN 3-404-61488-7

Sie finden uns im Internet unter
http://www.luebbe.de

Der Preis dieses Bandes versteht sich einschließlich
der gesetzlichen Mehrwertsteuer.

Für Laurent

INHALT

TEIL EINS: DIE FRÜHEN JAHRE 13

1 Im gleichen Boot 15
2 Geheimnisse 29
3 Bei Gräfen 33
4 Grenzenlos 42
5 Praktikum 49

**TEIL ZWEI: VON EINER, DIE AUSZOG,
DAS FÜRCHTEN ZU LERNEN** 55

1 Universität 57
2 Vater stirbt 68
3 Ganz weit weg 81
4 Keine Stütze 91
5 Schrebergarten 102
6 Ganz unten 107
7 Ein Traum wird wahr 120
8 Die Königin 135
9 Geschenke 140
10 Verlierer 149
11 Nachtwanderung 157
12 Aufbruch 161
13 Angst 175

TEIL DREI: ZURÜCK ZU MIR 181

1 Du bist nicht allein 183
2 The Real World 187
3 Rückkopplung '97 192
4 Mathilde 195
5 Klaffender Krater 206
6 Stimmtreff 1998 210
7 Demoaufnahmen 217
8 What the bird said 219
9 Hamburg 226
10 Schwere Zeit 233
11 Contact Myself 240
12 Nüchtern werden 246
13 Nüchtern bleiben 251

PROLOG

Es sind diese Bilder, die sich ins Gehirn brennen wie ein heißes K oder L, das ein Cowboy über dem Feuer erhitzt hat, um ein Kalb zu zeichnen. Sie zischen auf deiner Seele wie das glühende Eisen, wenn es das Fell des Tieres berührt.

Du kannst dich drehen und wenden, dich von allen Seiten immer wieder betrachten, aber das Zeichen ist da. Du kannst es verdecken, aber du weißt, dass es da ist. Du läufst weg und weißt, dass du davor zu fliehen versuchst. Es gibt keine Lasertherapie wie für unliebsam gewordene Tatoos vom Kater Garfield auf dem rechten Oberarm; keinen Hautarzt, der dir die Narben abschleifen kann.

Es gibt kein Entrinnen vor diesen Bildern. Du musst dich stellen. Hingehen. Hinhören. Hinsehen.

Ich hatte es geschafft.

Die Bühne war in warmes Licht getaucht, die Band verabschiedete mich. Es war das letzte Konzert, und es war mit Abstand das Beste der ganzen Tournee. Vor vier Tagen in Hamburg waren alle Mitarbeiter der Plattenfirma, bei der ich unter Vertrag war, gekommen, um mein Konzert zu sehen, und wir hatten auch gut gespielt, aber nicht so gut wie heute.

Laurent, der Schlagzeuger, saß schräg rechts hinter mir und trommelte so zuverlässig wie jeden Abend. Er gab sein Bestes, genau wie Tommi der Bassmann und Gerd der Gitarrist.

Wir spürten, dass wir etwas ganz Besonderes zuwege gebracht hatten, und wir spürten, dass es nie wieder so sein würde. Wir spielten »step by step«, das letzte Stück, eine Hommage an das Musik machen – und eine Hommage an die kleinen Schritte, auf die es im Leben ankommt. Es waren die letzten Takte, bevor ich die Bühne verlassen sollte, während die Band das Stück zu Ende brachte: Ich hatte das einmal bei Van Morrison gesehen und war so beeindruckt gewesen, dass ich mir vorgenommen hatte, einen ähnlichen Abgang von der Bühne zu machen, falls ich es je schaffen würde, mit einer Band vor mehr als 200 Leuten zu spielen.

Wir spielten vor mehr als 200 Leuten, die nur wegen uns gekommen waren, und nachdem ich zwei Stunden vor dem Mikrofon in der Mitte des vorderen Bühnenrandes gestanden hatte, ging ich nun auf Gerd zu, der mit ein paar Tönen antwortete. Ich ging näher, bis sich die Schalllöcher unserer Gitarren fast berührten, und so steigerten wir uns bis zum großen Finale.

Dann war die Form gespielt, und während die Band sie wiederholte, schnallte ich mir die Gitarre ab und gab sie dem Backliner, der hinter der Bühne schon die Hand danach ausstreckte.

Noch einmal ging ich nach vorne, verbeugte mich vor dem Publikum, bevor ich die Hand hochnahm zu einem Winken, mich umdrehte und die Bühne nach hinten verließ.

Die Leute tobten.

Ich hatte es tatsächlich geschafft.

TEIL EINS
DIE FRÜHEN JAHRE

---- 1. Kapitel ----

IM GLEICHEN BOOT

1974 brachte mich meine Mutter in die Kinderklinik, damit man mir die Mandeln herausschneiden konnte. Ich war vier Jahre alt und schrie wie am Spieß, als sie mich an der Stationstür einer Krankenschwester an die Hand geben wollte, denn Mutter erklärte mir selten irgendetwas, und ich wusste nicht, was mit mir passieren sollte. Damit ich mit dem Geschrei aufhörte, gab die Schwester meiner Mutter den Rat, mir zu sagen, sie »hole mir eben ein Eis« und sei »gleich wieder da«. Ich wusste, dass sie log, ich erkannte es am Stimmfall und daran, dass es kein Satz meiner Mutter war, doch ich wartete und hoffte, dass sie trotzdem wieder kommen würde.

Sie kehrte nicht zurück. Am Abend nicht, am nächsten Tag nicht, und auch nicht am Tag nach der Operation.

Sie ließ mich allein in einem Linoleumgang mit grünem Kittel am Leib, und als ich sie das nächste Mal sah, warf ich ihr den orange-gelb gestreiften Teddy, den man mir zum Trost mitgegeben hatte, kreischend hinterher. In der Nacht hatte ich mich auf den Bauch des Teddys übergeben müssen und das Erbrochene klebte in seinen Plüschhaaren, als hätte man ihm eine Ladung Haarspray zu viel verpasst.

Der Junge im Bett gegenüber wurde einen Tag vor mir entlassen und warf durch die Gitterstäbe seines Bettes mit Süßigkeiten um sich. Ich zählte die Tage, die ich selbst noch dort verbringen musste und in denen Vater und Mutter mir vorkamen wie Schauspieler, wenn sie mich für eine Stunde am Nachmittag besuchten.

An dem Tag, an dem ich entlassen wurde, setzte mich die Nachtschwester, die mir jeden Morgen mit der Bemerkung: »Oh, da ist aber noch eine Wurst drin«, das Fieberthermometer in den After geschoben hatte, auf ein kleines Schränkchen und zog mir meine karierte Jungenshose an. Sie ermahnte mich noch einmal, künftig beim Gang zur Toilette in die »richtige Richtung« abzuwischen. Es war mir peinlich, und ich senkte beschämt den Kopf.

Mutter holte mich ab, und ein paar Stunden später war ich wieder zu Hause in unserem Kinderzimmer.

Wir wohnten zu dritt in unserem Zimmer. Mein leiblicher Bruder war eine halb blinde Frühgeburt, und weil man ihm deshalb als Baby und Kleinkind immer ein Auge mit Heftpflaster zuklebte, hing er an Mamas Rockzipfel. Als er vier war, kam ich auf die Welt, und meine Mutter fragte ihn, wie das Schwesterchen denn heißen sollte. So kam ich zu meinem Namen.

Der älteste war mein Stiefbruder, Mutters Sohn aus erster Ehe. Er galt innerhalb der Familie unter der Hand als geistig etwas zurückgeblieben, was völliger Quatsch war, wie ich später feststellte. Ich schätze, Mutter setzte dieses Gerücht in die Welt, um ihn von uns abzugrenzen. In der Ecke des Zimmers, in der sein Bett stand, klebte eine andere Tapete, und das Muster hob sich so von den grünen Äpfeln an unserer Wand ab, wie sein Erzeuger sich von unserem unterschied.

Meinen Vater sah ich, wenn überhaupt, nur am Wochenende. Obwohl er dann körperlich anwesend war, wusste ich über ihn genauso viel, als hätte er die Familie verlassen, als ich noch ein Säugling war. Angeblich hatte ich als kleines Kind immer auf seinem Bauch gesessen, man erzählte es in einem belustigt-entrüsteten Ton, als ob es etwas Verbotenes gewesen wäre. Mutter meinte, ich hätte damit aufgehört, als ich zu schwer wurde. Vater arbeitete »auf Montage«. Montags fuhr er los zu Orten, die »Heilbronn« oder »Bad Lippspringe« hießen und unter denen ich mir nichts vorstellen konnte. Freitags kam er wieder nach Essen, zog sich ein frisches Hemd an und ging dann in die Kneipe auf der Ecke.

Er brachte mir kleine Souvenirs mit, orangefarbene Giraffen aus durchsichtigem Plastik mit Goldstaub am Hals, eine Mutter und zwei Kinder, die mit kleinen Plastikkettchen an ihrem Hals befestigt waren. Meinen Brüdern brachte er nichts mit, und es hieß, ich wäre sein »Ein und Alles«. Ich hatte deswegen ein schlechtes Gewissen.

Am Nachmittag, wenn Vater sich ausschlief, lag ich oft auf Mutters Seite im Ehebett, und aus seinem Mund schlug mir schlechter Atem ins Gesicht. Ich ekelte mich, aber mir fehlte der Mut, mich einfach wegzudrehen, weg aus dem unangenehmen Luftstrom. Ich hatte Angst, Vater damit aufzuwecken und zu enttäuschen, und deshalb blieb ich, meine Nase an seinem schnarchenden Mund, Stunden um Stunden versteinert auf der Seite liegen.

An manchen Abenden legte meine Mutter mich in das Ehebett, während sie darauf wartete, dass mein Vater aus der Kneipe kam. Er hockte sich im Halbdunkeln an das Bett und brabbelte mir in bierseliger Sentimentalität sein »ich liebe dich« und »ich bin stolz auf dich« in die Ohren, während ich, zu Stein erstarrt, so tat, als ob ich schlief. Ich hatte Angst, er würde bemerken, dass ich wach war.

Mit meiner Mutter verbrachte ich nicht sehr viel Zeit. Manchmal gingen wir ins Schwimmbad, oder sie nahm mich mit zur KKB, der »Bank für den privaten Kunden«, wenn sie ein Gespräch mit dem betreuenden Sachbearbeiter führen musste, vermutlich, weil sie irgendeine Rate nicht bezahlt hatte. Sie setzte mich neben sich auf den Stuhl, wo sonst der Ehemann saß, vielleicht, weil sie hoffte, mit einem blonden Engel an ihrer Seite auf mehr Verständnis zu stoßen. Mutter gab mir wortlos zu verstehen, dass ich darüber, dass wir zur KKB gegangen waren, mit niemandem zu sprechen hatte. Es war unser kleines Geheimnis.

Manchmal fuhren wir auch »in die Stadt«. Weil Mutter Angst vor der U-Bahn hatte, stiegen wir schon am Berliner Platz aus, bevor die Straßenbahn in die eben eröffnete Untergrundstrecke fuhr, und legten den Rest des Weges zu Fuß zurück. Im Winter trug sie eine Strickmütze, die so feuerrot war, dass ich immer nach der Mütze Ausschau hielt, damit ich meine Mutter im Kaufhausgewühl nicht aus den Augen verlor. Irgendwann später machten wir einen running gag daraus, meine Mutter und ich.

Sie schickte mich immer als Erste ins Bett. Bewegungslos starrte ich im Halbdunkel auf den Schatten, in dem ich die Schranktür vermutete. Wenn ich eine bestimmte Anzahl von Atemzügen machen würde, käme das Monster aus dem Schrank und tötete mich. Ich hielt den Atem an, in der Hoffnung, heute noch mal davonzukommen, ohne dass das Monster mich vernichtete, während aus dem Wohnzimmer das Brabbeln des Fernsehers zu mir drang.

Ich erzählte niemandem von meiner Angst, nur von dem Traum, in dem alle Familienmitglieder einen Sack über den Kopf bekommen und nach und nach eine Rampe herunterrutschen, die direkt in die Hölle führt, und ich stehe als Letzte oben am Zaun und komme als Einzige davon.

Die ganze Familie redete aufgeregt über diesen Traum und meine Mutter gab mir das Gefühl, dass ich mir darauf, dass ich jetzt so viel Aufmerksamkeit bekam, bloß nichts einbilden sollte. Ich wollte aber weiter so viel Beachtung finden und schmückte den Traum deshalb immer weiter aus, bis ich selbst nicht mehr wusste, was ich nun eigentlich geträumt hatte. Am nächsten Tag erfand ich noch einen dazu, bis am Ende alle gähnten und ich als Lügnerin dastand, die sich Dinge ausdenkt, um im Mittelpunkt zu stehen.

Ein anderes Mal hielt ich es vor Angst im Bett doch nicht aus und tappte ins Wohnzimmer zu meinen Eltern, die wie immer vor dem Fernseher lagen. Da ich nicht einfach sagen konnte, dass ich Angst hatte, dachte ich mir vorher einen Grund aus. Ich ging zu meiner Mutter und sagte, dass ich gerne ein Dirndl-Kleid hätte. Meine Eltern lachten amüsiert und schickten mich mit den Worten, dass das ja nun wirklich Blödsinn sei, wieder ins Bett.

* * *

Auf der selben Etage wohnte Michi, der einen Monat älter war als ich und die gleiche Klasse der Grundschule besuchte. Er war klein und dünn und hatte nie Lust zu essen. Seine Mutter überredete ihn, einmal täglich einen Suppenlöffel voll »Multi Sanostol« zu schlucken, eine Art 70er-Jahre Lebertran. Ein paar Kinder im Fernsehen, die aussahen wie der Junge auf der Kinderschokolade, trällerten »Saaa-nooos-toool«, während ihre Mütter zufrieden dreinschauten.

Michis Mutter hieß Margit. Sie machte besseren Gurkensalat als meine Mutter, und sie stand auch morgens früher auf. Dann brachte sie uns vom Kiosk vier Brötchen mit, die sie uns wortlos in einer Papiertüte auf die Fußmatte legte.

Michis Vater behauptete, dass von Boney M. keiner singen könnte, und ich kapierte nicht, wie er das meinte, weil bei Boney M. doch alle sangen, man hörte es ja deutlich im Radio.

Wenn Michi und ich nicht mit Gummistiefeln durch den Wald zogen, der an unsere Straße grenzte, trafen wir uns am Nachmittag in seinem Zimmer zum Spielen. Bei Michi gab es eine Menge Playmobil, und manchmal, wenn niemand zu Hause war, nahmen wir das Fernglas von Michis Vater aus dem Dielenschrank und guckten in die Fenster vom Hochhaus gegenüber, obwohl es das Verbotenste war, was wir machen konnten.

* * *

Die Wohnung meiner Oma lag nur wenige Minuten den Berg hinauf von der Grundschule entfernt. Meistens ging ich nach Schulschluss direkt zu ihr. Im Wohnzimmer stand ein großer Ohrensessel, und auf dem Kohleofen dampfte immer ein Topf mit warmen Wasser. Es gab auch eine riesige Erdkugel, die sich, wenn man die obere Hälfte aufklappte, als Hausbar entpuppte. Oma hatte einen Fernseher, aber der lief nur ganz selten.

Mittags gingen wir zum Plusladen neben der Stadtbücherei, und sie kaufte mir einen Zitronenjoghurt. Dann kochte sie für uns, und ich bekam den Joghurt als Nachtisch.

Nachmittags saß ich in ihrer großen Küche auf der Eckbank und knetete kleine Figuren aus Kerzenwachs, die ich immer wieder aufs Neue einschmolz. Ich durfte auch mit dem Inhalt der Küchenschublade spielen, in der sich aller möglicher Krimskrams wie Kordeln und Schrauben ohne einen Ansatz von Ordnung befand. Manchmal knotete ich eine Schraube an ein Stück Wäscheleine und klopfte damit an die Balkontür der Familie, die im Parterre wohnte. Ein, zwei Mal ging das gut, aber dann meckerten sie, und ich musste damit aufhören.

Zum Zeitvertreib lehnten Oma und ich uns bei schönem Wetter aus dem Fenster ihres Schlafzimmers und zählten, wie viele rote Autos innerhalb der nächsten Stunde am Haus vorbei fuhren. Wenn es regnete, stellte Oma mir Aufgaben auf dem Papier, zum Beispiel: wahllos auf das Papier gezeichnete Ziffern ihrer Reihenfolge nach mit einer Linie zu verbinden, ohne dass sich die Linie dabei überschnitt. Es gab einen gewissen Trick, wenn die Ziffern besonders knifflig angeordnet waren, und so vergingen die Monate.

An das Wohnzimmer meiner Oma grenzte der kleine Raum mit dem französischen Bett, in dem mein Onkel wohnte. Er war Mutters jüngster Bruder. Ab und zu betrachtete ich dieses Bett. Es stand am Fenster und hatte eine blau-türkise Tagesdecke aus glänzendem Stoff, die in Rauten gesteppt und ziemlich abgenutzt war. Es roch etwas muffig, aber nicht so muffig wie Omas Schlafzimmer.

Wirklich merkwürdig wurde es, wenn Mutter mich abholte, was nicht oft vorkam, weil ich gegen Abend meistens selbstständig die 500 Meter bis zu dem Haus zurückging, in dem wir wohnten. Es war so eine eigenartige, wortlose Spannung, wenn Mutter da vor Oma stand, und ich fühlte mich plötzlich verunsichert.

Einmal hatte ich bei Oma im Schlafzimmer auf dem Gästeklappbett übernachtet, und Oma erschrak, als sie bemerkte, dass ich nachts die Unterhose nicht ausziehen wollte.

Am Wochenende holte meine Mutter meinen Vater oft aus der Kneipe ab und blieb dann selbst noch auf ein paar Bierchen. Ich ging dann manchmal auch rüber in die Kneipe und stellte mich zwischen meine Eltern, die rauchend auf zwei Barhockern saßen. Ich bekam ein Spezi, und wenn Michi auch gerade da war, setzten wir uns an den Kneipentisch neben der Garderobe und warteten, bis unsere Eltern nach Hause gingen.

Abends hing die ganze Familie vorm Fernseher, und niemand sprach ein Wort. Oft schlief ich vor der Glotze ein und wurde in mein Bett getragen, nur freitags ging ich freiwillig ins Bett, weil »Aktenzeichen XY ungelöst« lief. Ich hatte Angst vor »Aktenzeichen XY«, weil die Verbrechen, die man schilderte, echt waren und keine Erfindung. Vater und Mutter amüsierte das, und sie schauten sich »XY« ohne mich an.

Einmal im Jahr schrumpfte das Fernsehbild zu einem kleinen weißen Punkt in der Mitte des Mattscheibe zusammen, und da blieb er dann. Wir wussten nicht, was wir mit diesem Mini-Universum in unserem Wohnzimmer machen sollten und liefen aufgeregt herum. Herr Pryzygoda von gegenüber, den meine Mutter *Pryziplorra* nannte, obwohl sie wusste, dass es falsch war, kam, egal ob abends oder sonntags, schnell herüber, sobald wir ihn angerufen hatten. Während er in den Eingeweiden des Fernsehers herumschraubte und leise Vermutungen abgab, um welchen Fehler es sich handelte (»defekte Bildröhre, würde ich sagen«), standen wir um ihn herum wie bei einem Verkehrsunfall, um zu sehen, ob es Überlebende gibt. Nach einer halben Stunde waren wir heilfroh, dass Herr *Pryziplorra* es heute noch mal geschafft hatte, und mein Vater gab ihm 50 Mark. Dann schalteten wir den Fernseher sofort wieder an.

Wir unterhielten uns selten. Die einzige regelmäßige Konversation war die zwischen meinem Bruder und mir, wenn wir uns um den Fernsehsessel stritten.

Wer verlor, musste sich in die kleine Ecke zwischen Vaters Füßen und Mutters Kopf quetschen. Meistens verlor ich.

Zu seltenen Gelegenheiten gingen meine Eltern früher als gewöhnlich ins Schlafzimmer, und es war, als ob an diesen Abenden jemand den Ton und das Bild abgestellt hätte. Manchmal schlichen wir auf Zehenspitzen zur Schlafzimmertür und legten ein Ohr daran, um zu lauschen, aber meistens hörte man nichts.

Ich hasste sie alle: meinen Vater dafür, dass er in meinen Augen das Essen herunterschlang wie ein Tier. Mutter dafür, dass sie ständig ihr Mamasöhnchen in Schutz nahm und mich behandelte, als wäre ich allerhöchstens ein bisschen Luft, und meinen Bruder dafür, dass er sich immer das nahm, was er gerade brauchte.

Ein Verwandter, der fünf Jahre älter war als ich und bei uns täglich ein und aus ging, spielte oft mit mir.

Manchmal, wenn meine Eltern in der Kneipe waren, klemmte er eine Decke unter die Matratze des oberen Etagenbettes, sodass die untere Matratze von außen nicht einzusehen war.

Ich sollte mich in diese Kajüte legen und seinen erigierten Penis anfassen und angucken. Ich wollte es nicht, weil ich mich ekelte. Außerdem hatte ich das sichere Gefühl, dass ich das eigentlich nicht machen sollte, denn warum war es ihm sonst so wichtig, dass es niemand mitbekam? Dann legte er sich auf mich und versuchte, in mich einzudringen. Ich suchte nach einem Argument, damit ich nicht unter ihn musste, und das Einzige, was mir einfiel, war, dass ich »nicht schwanger werden wolle«. Erst wirkte es,

23

und er dachte ein paar Tage darüber nach. Dann hatte er jedoch das bessere Argument: Er meinte, dass, wenn Wasser nicht nach oben fließt, Samen auch nicht nach oben fließt und dass es deswegen okay sei, wenn ich auf ihm liegen würde. Er platzierte mich dann, weil ich angesichts der logischen Argumentation nicht mehr widersprach, auf sich und schob mich rauf und runter, sodass sein Penis an meiner Scheide rieb.

Nach einiger Zeit wusste ich, was er von mir wollte, und obwohl ich davon überzeugt war, dass hier irgendetwas ganz gehörig daneben lief, machte ich jetzt mit, ohne dass man mir irgendwelche Anweisungen geben musste. Ich rutschte auf ihm herum und dachte »wow, das törnt aber an«, während meine Eltern im Wohnzimmer lagen und »Black Beauty« oder die Gewinnzahlen der »Aktion Sorgenkind« anschauten. Wenn wir dann fertig waren, sollte ich fünf Minuten nach ihm das Kinderzimmer verlassen, damit meine Eltern keinen Verdacht schöpften. Es war mir unendlich peinlich, weil ich dachte, dass sie wussten, was wir gemacht hatten.

Einmal, als ich mit zugeschnürtem Brustkorb an dem samtgrünen Sofa vorbeischlich, fragte Vater, was wir denn da im Zimmer »herumbumsen würden«. Es war eine zweideutige Frage, weil »herumbumsen« bei uns auch »laut herumtrampeln« hieß. Obwohl wir gar nicht laut gewesen waren, fragte Vater nicht weiter und ließ es auf sich beruhen.

* * *

Ich überredete die Jungen hinten auf dem Hof bei den Garagen, mich reihum abzuknutschen, obwohl keiner von uns so richtig wusste, was ein »Kuss mit Zungenschlag« eigentlich sein sollte.

Markus, der kleine stille Typ mit der riesigen Schlumpf-Sammlung, die wir manchmal im Kleingarten aufstellten, bekam meine ganze Aufmerksamkeit zu spüren. Ich überredete Markus, sich mit mir hinter den kleinen Hügel zu legen, an dem das Waldgebiet begann. Von dort aus konnten wir das Haus von Markus' Eltern sehen, das kleine weiße Gebäude mit dem geheimnisvollen, stillgelegten Brunnen im Garten, der mit zwei dicken Brettern abgedeckt war, damit keiner hineinfiel und ertrank.

Ich fummelte an Markus herum, und er war verunsichert, ließ es aber zunächst zu, weil er mir vertraute. Als ich seinen Hosenschlitz öffnete, erstarrte er vor Schreck. Dann sprang er auf und rannte weg. Ich muss nach Hause, rief er, während er die Beine in die Hand nahm, und dann, aus sicherer Entfernung, rief er noch, ich komme gleich wieder.

Ich wartete, aber Markus kam nicht wieder. Ich lag noch lange auf der klammen Erde. Wenn ich ausatmete, sah ich meinen Atem in einer Dunstwolke davonfliegen. Irgendwann stand ich auf und ging nach Hause.

Von dem Tag an machte Markus einen Bogen um mich. Ich fantasierte, dass er seinen Eltern von dem Vorfall erzählt hatte und sie ihm den Umgang mit mir verboten hätten, aber den genauen Sachverhalt kannte ich nicht.

Ein paar Monate später, kurz bevor wir auf die weiterführenden Schulen wechselten, zog Markus' Familie aus unserer Straße weg. Mich beschlich das Gefühl, dass sie wegen des Vorfalls am Hügel weggezogen waren, weil sie es ihrem Sohn nicht zumuten wollten, mit einer wie mir in einer Straße zu wohnen.

* * *

Ein, zwei Mal zeigte Mutter mir, wie man sich »unten rum« zu waschen hätte. Sie machte dann mit einem Waschlappen eine fahrige Bewegung durch die Luft, während sie andeutete, dass ich mich in der Badewanne auf die Knie hocken sollte.

Ich wollte aber nie die Unterhose ausziehen, nicht in der Badewanne und auch nicht, wenn ich schlief. So wurde die Reinigung meiner Genitalien zu einem hygienischen Problem. Ich bekam Ausfluss, den ich für das sichere Anzeichen einer höchst ansteckenden Geschlechtskrankheit hielt. Ich glaubte, ich hätte die Krankheit von den Sachen, die mit mir im Etagenbett gemacht wurden, und versteckte meine Unterhosen, nachdem ich sie notdürftig heimlich im Waschbecken gereinigt hatte, hinten im Schrank, damit ich keine Spuren hinterließ. Irgendwann fragte mich Mutter, wieso die ganzen Unterhosen über der Kleiderstange hängen würden. Ich antwortete in der Hoffnung, sie würde nicht weiter nachfragen, dass sie so »schneller trockneten«, und meine Mutter sagte, »ach so«, und das war's.

Ich begann, mir die Haare abzuschneiden. Ich stellte mich vor den großen runden Spiegel im Schlafzimmer, zog mit der linken Hand die Ponyhaare straff nach hinten und schnitt die darunter liegenden Härchen mit einer Nagelschere bis zur Wurzel ab.

Die fleischige Haut am großen Zeh schnitt ich bis in die tieferen Schichten auch weg.

Eines Tages entdeckte Mutter den kaputten Zeh und begutachtete ihn, indem sie ihn zwischen Zeigefinger und Daumen hin und her drehte. Dann sah sie auch meinen Stoppelpony. Sie beschimpfte mich, dass ich das lassen sollte, aber ich machte trotzdem weiter, wenn sie nicht hinsah.

Manchmal nahm ich mir aus dem Verbandskasten von Vaters Autozubehör Mullbinden und verarztete mich damit in unserem Zimmer selbst. Ich umwickelte einen Stock mit Mull, bis dieser wie eine Schiene am Bein haftete, und humpelte durch die Wohnung wie die einzige Überlebende eines Verkehrsunfalls.

Als ich aufs Gymnasium wechselte, dachte ich mir ein Spiel aus, und meine Angst nachts im Bett ließ dadurch nach. Ich freute mich schon am frühen Abend darauf, ins Bett zu gehen, und meine Eltern wunderten sich darüber, sagten aber nichts. Jeden Abend stellte ich mir vor, ich sei sterbenskrank, hätte nur noch wenige Stunden zu leben und läge in einem Krankenhausbett. Ich legte mich steif hin wie die Leute im Fernsehen, wenn sie starben, strich die Bettdecke glatt und drückte die Arme ausgestreckt seitlich an den Körper. Ich gab mich der Fantasie hin, dass mich verschiedene Leute besuchten, die sich bei mir dafür um die Wette entschuldigten, dass sie mir nie gezeigt hätten, wie sehr sie mich eigentlich liebten.

Meistens gewann ein Lehrer, in den ich verliebt war, er kam am Ende zu mir ans Bett und hielt mir die erschlaffende Hand.

* * *

Der Blutsverwandte, der sonst so gerne mit mir gespielt hatte, hatte plötzlich eine feste Freundin und weil die »moralisch unbedenklich« war, ließ er mich nun links liegen. Er tat so, als wäre zwischen uns nie etwas gewesen, und wand sich angewidert ab, wenn ich, in der Hoffnung, sein Interesse wiederzugewinnen, im Türrahmen wie ein Go-Go-Girl vor ihm herumtanzte.

Damit ich den Mund hielt, gab er mir immer, wenn er zu

Besuch kam, eine Tafel Milka Vollmilch Schokolade. Ich stellte mir vor, was er mit seiner Freundin trieb, während ich mit meiner 100-Gramm-Tafel im Fernsehsessel saß und auf das Ferienprogramm des ZDF starrte. Jetzt wurde ich auch noch zuckersüchtig.

---

2. Kapitel

GEHEIMNISSE

In mir entstand der Eindruck, geschlechtskrank und zugewachsen zu sein, und er manifestierte sich im Lauf der Jahre. Die kleine Verengung am Scheideneingang hielt ich für ein Geschwür, das mir, sollte ich eines Tages daran gestorben sein, seitenweise Berichte in den Illustrierten einbringen würde. Manchmal, wenn ich die Angst, ob ich nun krank wäre oder nicht, nicht mehr aushielt, überwand ich mich und betrachtete meine Genitalien in dem runden Spiegel, der sonst an der Wand hing. Jedes Mal, wenn ich hingesehen hatte, war ich mir einmal mehr sicher, verwachsen und verseucht zu sein.

Das Schlimmste daran war nicht der Gedanke, ich könnte an einer unheilbaren Krankheit leiden. Das wirklich Allerschlimmste, das, wozu ich all meine Lebensenergie verbrauchte, um es nicht an die Oberfläche meines Bewusstseins dringen zu lassen, war die Vorstellung, *entdeckt* zu werden.

Ich überlegte, dass es die beste Lösung wäre, mich mit Dynamit in die Luft zu sprengen, damit nur noch kleine Fetzen von mir übrig blieben, aus denen kein Geschwür mehr herauszulesen sei.

Ich las in der Bravo, dass junge Mädchen mit ihrer Mutter zum *Frauenarzt* gehen sollten, wenn sie das erste Mal ihre Periode bekamen, und ich wusste, dass jedes Mädchen früher oder später seine Tage bekommt, also hatte ich große Angst davor.

Meine erste Blutung setzte ein, als ich elf war. Ich blutete zwei oder drei Wochen und legte die benutzten Unterhosen zur übrigen Wäsche, aber meine Mutter schwieg dazu. Irgendwann kam sie nicht mehr daran vorbei. Du hast ja schon gemerkt, was los ist, sagte sie. Dann meinte sie noch, etwas geheimnisvoll, dass ich da aber ein schweres Los gezogen hätte.

Ich verstand das nicht. Hatte ich ein schweres Los gezogen, weil ich meine Periode bekommen hatte? Weil ich sie so *früh* bekommen hatte? Oder weil ich sterbenskrank war?

Ich wusste es nicht und traute mich auch nicht nachzufragen. Stunden und Tage dachte ich darüber nach, um herauszufinden, was Mutter damit gemeint hatte.

Die Frage, die mich nun am meisten interessierte, war, ob ich zum Frauenarzt gehen müsste, aber Mutter machte keinerlei diesbezügliche Anstalten, und so schloss ich nach ein paar Wochen, dass ich noch mal davongekommen war.

Stattdessen versorgte meine Mutter mich mit Monatsbinden. Sie führte einen kleinen Kalender, der jedes Jahr der Weihnachtsausgabe der Tageszeitung beilag und den sie in die Innenseite einer Tür unserer Einbauküche klebte. Ihre eigene Menstruation notierte meine Mutter mit einem Kreuz und meine mit drei Kreuzen. Sie tat das ohne Kommentar und fragte mich auch nicht, ob mir das recht sei. Manchmal hielt sie mir ihren Monatskalender unter die Nase, um mir zu zeigen, dass sie mich unter Kontrolle hatte, und jedes Mal, wenn man eine Tasse aus dem Schrank nahm, stand man vor dem Kalender und starrte darauf.

An der Stelle, an der die Küchenspüle stand, war der Linoleumboden ganz ausgetreten wie ein geheimer Pfad im

Wald. Mutter lief stundenlang auf diesem Quadratmeter Küche hin und her, als hinderte ein unsichtbarer Magnet sie daran, irgendwo anders hinzugehen. Manchmal zitierte sie mich dann zu sich, um mir ohne jeden Zusammenhang gute Ratschläge wie: »Krieg bloß keine Kinder«, oder: »Werd bloß nicht so wie ich« zu geben. Dann erinnerte sie mich noch daran, dass ich ja wüsste, dass ich mit ihr über alles reden könnte. Ich stand vor ihr und hoffte, dass ich bald wieder gehen durfte.

* * *

Der erste Typ, der nach dieser Sache im Etagenbett an mir herummachte, hieß Lutz, und sein Vater war früher Schreiner gewesen. Lutz' Vater hatte sich an der Kreissäge alle Finger bis zum Mittelglied sauber abgesägt. Zu den Partys unserer Acht-Familien-Hausgemeinschaft brachte er seinen eigenen Bierkrug mit, oder er bekam einen geliehen, damit er mit den verbliebenen halben Fingern und seinem Daumen mitsaufen konnte.

Er tanzte dann immer mit meiner Mutter, die sich aufgeschlossen gab. Ich fand es äußerst fragwürdig, ob das gut sei, wenn dieser Sägetyp meiner Mutter minutenlang die Hand mit den halben Fingern um die Taille legte, während mein Vater auf dem Sofa saß und die Mutter von Lutz auch da war.

Meine Eltern machten Witze darüber, dass Lutz, der manchmal mit zu uns in die Wohnung kam, in mich verliebt sei. Ich ging ihn deshalb ab und zu besuchen, obwohl es mir in Wirklichkeit unangenehm war. Eines Nachmittags hatte er ein Zwei-Mann-Zelt im Garten aufgebaut und meinte, wir sollten doch mal reingehen. Ich lag da wie festgenagelt. Er grabbelte sehr lange an meiner nicht vorhandenen Brust herum, und ich dachte, dass er doch bemerken müsste, dass mir das völlig zuwider war. Ich dachte die ganze Zeit, hoffentlich greift er mir nicht in die Hose, aber nachdem er seiner Meinung nach genug gegrabbelt hatte – vielleicht hatte er in der Bravo etwas über das Vorspiel gelesen –, spürte ich, wie er seine klammen Finger plötzlich unter meinen Gürtel schob.

Das war zu viel. Ich sprang mit einem Ruck auf und rannte weg und hatte auch noch ein schlechtes Gewissen, weil der arme Lutz so blöd aus der Wäsche guckte.

Danach ging ich eine Zeit lang mit Gregor, der in der gleichen Straße wohnte, aber nachdem ich einmal seinen erigierten Penis angefasst hatte, machte ich unter einem Vorwand mit ihm Schluss.

3. Kapitel

BEI GRÄFEN

Im Sommer 1984 freundete ich mich mit Tanja an, die die gleiche Klasse wie ich besuchte. Am Anfang spielten wir noch Gummitwist in roten Batikkleidchen, die Tanjas Mutter uns aus einem Bettlaken genäht hatte, und erfanden Hörspiele, die wir mit einem Kassettenrekorder aufnahmen.

Mit Mutters Erlaubnis und ein paar blau gefärbten Haarsträhnen, die sich wieder herauswaschen ließen, feierten wir die erste Silvesterparty unseres Lebens unten im Keller unseres Hauses.

Mit dem Gummitwist war es dann schnell vorbei. Mittwochs hörten wir Mel Sundocs Hitparade, und Tanja, deren Mutter inzwischen abgehauen war und ihre Tochter und zwei Söhne bei dem Vater, einem Schichtarbeiter, zurückgelassen hatte, entdeckte den Gräfen-Keller.

Eines Tages lud sie mich ein, auch einmal vorbeizukommen, und für mich war es die größte Ehre, die man sich vorstellen konnte.

Der Gräfen-Keller war ein dunkler, staubiger Raum in den Katakomben eines riesigen Hauses am Rande der Stadt. Dahinter gab es nur noch ein paar Schotterberge und den Rhein-Herne-Kanal. In dem total verwinkelten Klotz befand sich eine Kneipe, und hinter der Theke stand Frau Gräfen, die den Laden zusammen mit ihren beiden Söhnen führte. Martin, der älteste Sohn, hatte ein paar abgewetzte

Sofas und einen Kassettenrekorder in einen der hinteren Keller gestellt und ihn zum Treffpunkt für Leute aus der näheren Umgebung erklärt. Man musste oben in der Kneipe zwischen den Toilettentüren und dem Tresenzugang durchgehen, dann mehrere steile Treppen hinunter, die vermodert rochen. Wenn die Kneipe geschlossen war, traten wir zwei, drei Mal auf das Eisengitter vom Kellerfenster, das in den Gehweg eingelassen und von unserem Getrampel schon ganz verbeult war. Wenn man Glück hatte, kam dann jemand hinauf und öffnete einen Eingang an der Seite, wo sich der Parkplatz befand.

Tanja erzählte mir stolz von »ihrer Familie«, und die Familie bestand aus ein paar Typen, die Namen wie Tarzan, Winnie oder Heinzi hatten. Tanja war bisher das einzige Mädchen gewesen, und als ich kam, waren wir zwei. Die »Familie« begutachtete mich von oben bis unten in meiner roten Jeans und dann, nach einer Runde am Billardtisch, gehörte ich dazu.

Bald gingen wir jeden Tag nach der Schule zum Keller. Während wir uns am Tresen vorbeidrückten, um die Treppe herunterzuhuschen, sagten wir »Tag, Frau Gräfen«, und die guckte beim Gläserspülen kurz hoch.

Unten im Keller tranken Winnie, Tarzan und Lütte, die Jobs als Maurer oder Schreiner hatten und gerade von der Arbeit kamen, dann schon Bier, und irgendwann machten Tanja und ich auch mit. Wir nippten mal hier, mal da und waren stolz, als wir jede unsere erste eigene Flasche in der Hand hatten. Wenn jemand zum Kiosk ging, um ein paar Krombacher zu kaufen, brachten sie uns dann eine mit.

Manchmal holte mich mein Vater um Punkt acht Uhr abends von Gräfen mit dem Auto ab, damit mir auf dem Weg nach Hause nichts passierte. Meine Mutter hielt nichts davon und stattete der Kneipe einmal gemeinsam mit meinem Vater einen Besuch ab. Mit leidendem Gesicht saß sie an einem Tisch und begutachtete meine neuen Freunde. Man konnte ihr ansehen, wie unglücklich sie war, und ihre Art, da zu sitzen, war mir unendlich peinlich.

Tanja und ich fingen an, unsere Augen mit schwarzem Kajal zu umranden und uns mit dunklem Puder zu schminken. Von unserem Taschengeld kauften wir uns bei Plus für 2 Mark 95 einen Martini-Verschnitt und vermischten den Fusel mit Cola. Dann besorgten wir uns an der nächsten Ecke eine Packung Peer 100. Dass einem von der ersten Zigarette schlecht wird, wussten wir vorher.

Samstags gab es im Keller nun Feten, und ich überredete meine Mutter, bei Tanja schlafen zu dürfen, die von zu Hause aus nur fünf Minuten Fußweg bis nach Gräfen zurücklegen musste. Tanjas Vater deckte uns den Rücken, wenn meine Mutter zur Kontrolle anrief, und erzählte ihr, dass wir schon im Bett liegen und schlafen würden. Manchmal log er auch, er würde auf uns aufpassen, obwohl er Nachtschicht hatte und überhaupt nicht zu Hause war.

Während wir angeblich selig schlummerten, tranken wir Wodka-Orange, bis wir kotzen mussten, und lagen im dunklen Keller mit den Jungs auf den Sofas, die uns vor versammelter Gesellschaft die Finger in die Scheide steckten. »Fingern« nannten sie das, und ich ließ es mit mir machen, während ich mit meinem Atem die Zeit anhielt.

Jetzt fing ich an, zweimal täglich zu duschen und meine Genitalien mit Seife zu waschen. Mutter fielen diese plötzlichen Waschorgien natürlich auf. Wahrscheinlich dachte sie sich, dass die Wascherei etwas mit sexuellen Handlungen zu tun hatte. Sie sprach mich aber nicht darauf an, sondern sagte nur, dass ich mich nicht zweimal am Tag zu duschen brauchte.

Irgendwann brachte bei Gräfen einer Shit mit, und es wurde ernster. Mehr als einmal konnte ich mich stundenlang nicht mehr bewegen, weil ich an einem Joint gezogen hatte, der die Dosis für einen ausgewachsenen Kiffer beinhaltete. In der Ferne hörte ich Züge vorbeidonnern, die nur in meinem Kopf existierten. Einmal brach ich auf der Kneipentoilette zusammen. Nach einer halben Stunde klopfte Frau Gräfen von außen an die Tür, ich sollte endlich aufmachen, aber ich konnte mich einfach nicht mehr bewegen.

Jeden Abend musste ich um Viertel nach acht zu Hause sein und war jedes Mal total breit, als ich die Wohnungstür aufschloss. Ich murmelte nur »Hallo«, und meine Eltern, die stets wortlos vor der Mattscheibe hingen, fragten nicht weiter.

Wir nahmen den Shit auch mit in die Schule. Vor dem Unterricht zogen wir uns auf dem großen Klo neben der Pausenhalle einen durch. An unserer braven Mädchenschule rauchte sonst natürlich keine, und wir bildeten uns Gottweiß-was darauf ein. Regelmäßig hingen wir über der Toilettenschüssel und kotzten uns die Seele aus dem Leib, dann gingen wir, albern kichernd, in den Matheunterricht und flogen nach zehn Minuten raus, weil wir vor Lachen verrückt wurden.

Tanja schlief schon mit Lütte, dem Maurer, und weil ich die Distanz überwinden wollte, die dadurch zwischen ihr und mir entstanden war, wollte ich mit Martin, dem Sohn der Kneipenbesitzerin, schlafen. Wir fanden, dass die Silvesternacht 1984 eine gute Gelegenheit dafür wäre, und bereiteten uns darauf vor, indem wir uns Schaumzäpfchen zur Verhütung besorgten.

Über der Kneipe wohnte die Familie Gräfen in einer riesigen Wohnung, und als alle betrunken genug waren, gingen wir mit den beiden Jungs nach oben. Tanja und ich versuchten, uns auf dem Klo die Scheidenzäpfchen einzuführen, aber ich war so eng, dass ich meines nicht hineinbekam. Lütte und Martin warteten schon ungeduldig vor der Tür, und Tanja war längst fertig mit ihrem Zäpfchen. Meins war mittlerweile in meiner Hand zerschmolzen. Ich warf den Rest ins Klo und spülte ab. Ich hatte meine Tage und konnte deswegen sowieso nicht schwanger werden.

Tanja setzte eine erfahrene Miene auf und ging mit Lütte in eines der vielen Zimmer, ich mit Martin in ein anderes. Wir legten uns in das Bett, und ich wartete verkrampft ab, was geschehen würde. Martin legte sich auf mich und versuchte, in mich einzudringen. Es ging aber nicht. Martin sagte, mein Gott, bist du eng, rollte sich zur Seite und meinte gönnerhaft: »Na, dann wollen wir dir noch ein bisschen Zeit geben.«

Nach drei Minuten ging er dann doch rein, und er beeilte sich, fertig zu werden, denn schließlich wollte man um Mitternacht unten im Keller sein, um mit den anderen anzustoßen.

Ich lag noch lange benommen in Martins Bett und starrte an die Decke, bis ich in der Lage war, aufzustehen. Dann ging ich ins Badezimmer und stellte mich aufrecht in die Badewanne, um mir das Blut, das mir an der Innenseite der Oberschenkel hinunterlief, mit dem Wasserstrahl wegzuwaschen.

Plötzlich steckte Frau Gräfen ihren Kopf durch die Tür. Erst guckte sie auf meine Beine, dann sah sie mich mit einem mitleidig-ärgerlichen Blick an, ob das denn nun hätte sein müssen, und machte die Tür wieder zu.

Als ich Martin später in der Nacht immer wieder am Ärmel zupfte, weil ich dachte, wir gehörten jetzt irgendwie zusammen, wollte der davon nichts mehr wissen und stieß mich total besoffen in eine Reihe parkender Autos. Ich fiel in den Rinnstein, und die Meute zog am Silvestermorgen grölend ohne mich weiter.

Am nächsten Tag erzählte ich Tanja, dass ich vor Schmerzen kaum laufen konnte, aber sie hatte kein Mitleid und fragte mich bloß trocken, ob ich die Beine denn nicht breit gemacht hätte. »Doch, klar, hab ich«, antwortete ich. Weil ich trotzdem Schmerzen hatte, dachte ich nun einmal mehr, dass ich krank und zugewachsen sei, aber ich erzählte Tanja nichts davon.

Von da an hatte ich wechselnde Freunde aus unserer Clique, die hinter meinem Rücken über mich lästerten und intime Einzelheiten über unsere Beziehung ausplauderten. Einer erzählte zum Beispiel herum, dass ich seinen Penis nie anfassen wolle. Die anderen aus der Clique machten deswegen hässliche Witze über mich. Mit jedem Tag, an dem wir uns in dem Keller trafen, brach die Gruppe mehr auseinander. Wir versuchten, den Keller durch eine Renovierungsaktion neu zu beleben, doch das Gegenteil war der Fall. Der Gräfen-Keller verwaiste. Tanja machte mich dafür verantwortlich. Sie warf mir vor, dass ich mit der Silvesteraktion alles zerstört hätte. Alles sei viel schöner bei Gräfen gewesen, bevor ich dazugekommen sei.

Ich dachte, dass sie Recht hatte, und fühlte mich schuldig.

Erst hingen wir noch auf dem Gelände von Wuttkes Betonfabrik herum, auf dem am Wochenende die wildesten Partys stiegen. Leute tanzten zu Thin Lizzys »Live and Dangerous« und AC/DCs »Hells bells« ums Lagerfeuer herum und sahen aus, als hätten sie Drogen genommen, von denen ich bis dahin noch nie etwas gehört hatte. Die

38

Jungs rasten in einem VW Käfer mit abgeflextem Dach zwischen den Betontanks herum. Wenn das Bier alle war, gab jeder ein paar Mark und jemand, der ein Auto besaß, fuhr zur Tankstelle und holte neues.

Doch dann verstieß mich Tanja, mit der ich nun monatelang jeden Tag zusammengehangen hatte, und es traf mich schwer.

Vater war nun immer öfter krank, und als der Arzt ihn arbeitsunfähig geschrieben hatte, zahlte sein Arbeitgeber ihm eine Abfindung, um ihn los zu werden.

Die Abfindung war irgendwann aufgebraucht, das Krankengeld auch. Nach ziemlich fetten Jahren, in denen sogar Geld übrig geblieben war, um aus dem Quelle-Katalog Hosen und Röcke zu bestellen, die dann doch niemand anzog, wurde es jetzt eng: Wir waren pleite, und Vater hatte keine Aussicht auf eine neue Beschäftigung.

Nach Jahren, in denen er nur am Wochenende zu Hause gewesen war, lag er nun den ganzen Tag auf dem Sofa herum, bevor er abends in die Kneipe ging. Der Rest der Familie saß dann immer noch sprachlos vor der Glotze, und wenn wir im Haustürschloss den Schlüssel hörten, blieb gerade noch Zeit für unsere ganz spezielle Tausend-Dollar-Show: Es war eine eingespielte Sache, ohne dass jemals jemand ein Wort darüber verlor. Mein Bruder schaltete den Fernseher ab, meine Mutter das Licht in der gesamten Wohnung, und innerhalb von wenigen Sekunden verzogen sich alle in ihre Zimmer. Wir Geschwister ins Kinderzimmer, Mutter ins Schlafzimmer. Mein Stiefbruder war längst ausgezogen.

Es war idiotisch, denn wenn mein Vater aus der Kneipe kam, ging er an der Rückseite des Hauses vorbei, und von da aus sah er das erleuchtete Fenster mit dem blaulila Fernsehschein. Wenn er dann dreißig Sekunden später von

39

der Vorderseite das Haus betrat, lief diese ganze Vorstellung in der Wohnung ab wie beim Kindergeburtstag, wenn einer das Zimmer für zehn Sekunden verlassen muss und man hektisch die Klamotten mit dem Nachbarn wechselt, damit der, der draußen war, raten kann, wer welchen Pullover irrtümlich trägt.

Wir zogen diese Show ab, weil mein Vater, voll wie ein Eimer, erst mal ein paar Minuten im menschenleeren Wohnzimmer saß und dann lautstark meine Mutter beschimpfte. Irgendwann schrie meine Mutter zurück. Noch Jahre später erstarrte ich zur Salzsäule, wenn mich jemand durch eine geschlossene Tür anbrüllte.

Eines Abends empfing Mutter mich an der Haustür und flüsterte, ich sollte mit Daniel, der mich mit seinem Auto bis vor die Haustür gebracht hatte, wieder wegfahren. Das tat ich aber nicht, weil ich wissen wollte, was los war. Ich schloss die Wohnungstür auf und lugte vorsichtig hinein. Mein Vater saß mit gesenktem Kopf auf dem Sofa, stützte sich mit den Unterarmen auf den Oberschenkeln ab und weinte. Die Schubladen vom Schrank waren herausgerissen, der Inhalt – unsere chaotischen Familienpapiere – lag auf dem Teppich verstreut. Offenbar hatte es zwischen meinen Eltern eine handfeste Auseinandersetzung gegeben. Doch niemand sagte mir, was tatsächlich geschehen war.

Mittwochabends gingen die acht Ehefrauen aus dem Haus, in dem wir wohnten, kegeln. Am nächsten Morgen war meine Mutter dann immer sehr verkatert.

Irgendwann schlurfte sie dann zum Telefon, um ihrem Arbeitgeber Alfred Edeka mitzuteilen, dass sie krank sei. Manchmal ging sie dann ein bisschen später zu ihrer Käsetheke, manchmal gar nicht. Der Herr Edeka duldete das,

40

denn es waren alles Ehefrauen, die bei ihm im blau-gelben Kittel hinter Fleisch- und Obsttheken standen und ihren Niedriglohn in Form von Lebensmitteln in blau-gelben Plastiktüten nach Hause schleppten, um ihrer Brut die hungrigen Mäuler zu stopfen.

Eine Zeit lang nervte ich meine Eltern damit, dass ich aus der Wohnung heraus in den Keller ziehen wollte. Ich wollte meine Sachen in die Kellerregale stellen und eine Matratze hineinlegen, und ich wollte einen Schlüssel, zu dem es kein Duplikat gab.

Ich argumentierte, dass andere Jugendliche auch Dachkammern hätten oder ein Zimmer im Gartenhaus, aber für mich gab es aus dieser Vier-Zimmer-Wohnung im Acht-Familien-Haus mit Treppenflur aus Marmorimitat kein Entkommen. »Es geht nicht wegen der Nachbarn«, hieß es, und es war ja auch klar: Was sollten die Nachbarn denken. Herr W. in der Wohnung über uns, der mir als 5-Jährige ein Eis am Kiosk gekauft hatte und mir im Sommer auf die Schenkel starrte. Frau L., die die Stühle von unten blank polierte, und ihr Mann, Vertreter für Instant-Kaffee, der ständig eine verstopfte Nase hatte und einen Sohn mit Glasknochen. Familie S., über die das ganze Haus lachte, weil sie keinen Teppichboden besaßen, und über die alle wussten, dass der Vater die Kinder verprügelte. Frau R., deren Sohn ich kein einziges Mal in 18 Jahren auf der Straße spielen sah und der in seinem Kinderzimmer noch mit fünf Jahren von seiner Mutter gewindelt wurde.

Was sollten diese Nachbarn von Familie W. denken, bei der man bis spät in die Nacht hinein das Geschrei der Eltern hören konnte, wenn deren einzige Tochter in den Keller zog, wo sonst nur die Fahrräder und Kartoffelkisten standen.

4. Kapitel

GRENZENLOS

Anfangs konnte ich noch Schulfreundinnen zum Kiffen anstiften, aber eine nach der anderen hatte nach einer gewissen Zeit die Nase voll und wollte nichts mehr von mir wissen. Ich war ihnen zu abgefahren.

Mehr und mehr benutzte ich billigen Gesichtspuder und bekam Hautprobleme, die davon, dass ich mir Seifenwasser auf der Haut trocknen ließ, nicht besser wurden.

Tanja meinte, dass sie nun keinen Puder mehr benutzen würde, aber ich konnte damit nicht aufhören. Mit jedem Tag, an dem ich das Gefühl hatte, wegen des Zustandes meiner Haut schräg angesehen zu werden, isolierte ich mich mehr von meiner Umgebung. Immer wieder bändelte ich mit irgendwelchen Typen an und setzte mich Situationen aus, in der meine Angst, geschlechtskrank zu sein, eine Rolle spielte, ohne dass ich in der Lage gewesen wäre, diesbezüglich einen einzigen klaren Gedanken zu fassen. Geschweige denn, ein Wort darüber zu verlieren. Ich lag mit ihnen im Bett und empfand nichts, während ich angestrengt darüber nachdachte, wie ich es verhindern konnte, dass sie mich unter der Gürtellinie berührten, damit sie meine »Krankheit« nicht bemerkten.

Je mehr quasi-sexuellen Kontakt ich hatte, desto öfter kratzte und drückte ich an den entzündeten Stellen in meinem Gesicht herum. Einmal am Tag motzte meine Mutter mich durch die geschlossene Badezimmertür an, ich sollte endlich aufhören zu »pulen«. Sie fragte mich, ob ich jetzt glauben würde, dass ich schöner aussähe. Dann drohte sie mir damit, mit mir zum Hautarzt zu gehen, weil sie wusste, dass ich Angst davor hatte. Sie wusste, dass dies für mich das Schlimmste war, obwohl sie wahrscheinlich keine Vorstellung davon hatte, warum. Ich war mir sicher, dass der Arzt mich beschimpfen würde, mich entrüstet fragen würde, warum ich erst jetzt käme. Ich dachte an den Ausfluss in meiner Hose und das »Geschwulst« an meiner Scheide, und sobald ich in diesen Gedanken gefangen war, konnte ich nichts anderes mehr tun, als mich vor den Spiegel im Badezimmer zu stellen und meine Haut noch weiter zu verletzen.

Irgendwann wurde es meiner Mutter zu bunt, und sie meldete mich bei einer Hautärztin an. Auf dem Schild an der Praxistür stand *Ärztin für Haut- und Geschlechtskrankheiten,* und ich war mir sicher, dass mein letztes Stündchen geschlagen hatte. Jetzt würde alles herauskommen.

Die Ärztin war alt und lehrerhaft und tat genau das, was ich befürchtet hatte: Sie zeigte ihre Entrüstung über meinen Zustand offen. Ich musste mich ausziehen, und sie starrten auf meine Brust, die auch stark von den Hautproblemen befallen war. Meine Mutter sagte, als sie meine Brust sah, dass sie ja gar nicht gewusst hätte, dass das so schlimm sei.

Ich spürte, dass meine Mutter für den Bruchteil einer Sekunde eine Ahnung von dem bekam, was mit mir los war.

Die Ärztin meinte, es würde wohl einige Zeit dauern, bis ich wieder hübsch sei. Ich sollte die Haare aus dem Gesicht nehmen, keine Schminke mehr verwenden, täglich die Handtücher wechseln und in vier Wochen wiederkommen. Einmal ging ich noch hin, dann aber nicht mehr. Mutter sagte auch nie wieder, dass sie mit mir zum Hautarzt gehen würde.

* * *

Die Gräfen-Gang hatte sich nun ganz aufgelöst und Tanja sah ich nur noch in der Schule. Sie schloss sich der Mädchenclique unserer Klasse an und hörte ab jetzt Whitney Houston und Spandau Ballett. Eine Zeit lang versuchte ich es ihr nachzutun, aber dann entschied ich mich doch für Anne Clark. Bald war ich eine, mit der die jungen Damen nichts mehr zu tun haben wollten.

Ich suchte nach anderen Kontakten und fand sie: Ein Mädchen, das in unsere Klasse kam, weil sie sitzen geblieben war, ging freitags ins Kalei, eine Disco in der Innenstadt von Essen. Man spielte dort an jedem Wochentag eine andere Musikrichtung – Reggae am Sonntag und Pop Rock am Samstag. Freitags gab es Gruftie Musik. Ich fand es verrucht und cool und ging eines Freitags auch hin.

Je extremer man in schwarzen Klamotten mit Ketten behangen freitags im Kalei auftauchte, desto angesehener war man, und wer die meisten Zentimeter hoch toupierter Haare vorzuweisen hatte, war die ungekrönte Disco Queen.

Am Anfang stand ich noch schüchtern herum in meinen Teenie Jeans, doch nach und nach machte ich es einfach wie die anderen. Ich schminkte mir das Gesicht mit Clowns Makeup leichenweiß, die Augen schwarz und die Lippen dunkelrot. Die Haare färbte ich erst rot, dann dunkelrot, dann schwarz. Schließlich rasierte ich mir die Seiten aus und machte mir vom Rest eine Wuschelfrisur wie Robert Smiths, der Sänger von *The Cure*.

Das Tanzen gefiel mir, und die Musik war das Beste an dieser Ära. Ich bewegte mich im bunten zuckenden Licht zu den immer gleichen Liedern auf der winzigen Tanzfläche und fühlte mich komplett sorgenfrei. Ich konnte mich darauf verlassen, dass es jeden Freitag die Musik gab, die ich mochte. Und jeden Freitag gab es den harten Kern der Clique in den immer gleichen Monturen, die Leute, die die Nähe zu uns suchten und langsam auch Teil der Gruppe wurden, und die Typen, die uns jeden Freitag von der Balustrade aus zusahen.

Für die sechs Mark Eintritt erhielt man zwei Plastikchips für Getränke, und wir bestellten Bier, von dem man Kopfschmerzen bekam.

Sandra gehörte zu dieser Gruftie-Clique und wohnte in der gleichen Straße wie ich. Sie bewohnte zusammen mit ihrem Bruder, den sie auf eine Art und Weise anbetete, die mir völlig auf die Nerven ging, eine Dachgeschosswohnung im Mehrfamilienhaus ihrer Eltern. Ihre Mutter, die mit einer Krächzstimme sprach, dass man dachte, sie würde vier Schachteln Camel ohne am Tag rauchen – was sie aber nicht tat; sie war Nichtraucherin –, schaute zwar ab und zu nach uns, ansonsten ließ sie uns aber in Ruhe.

Der Bruder war Koch und nie zu Hause, und so hatten wir die kleine Wohnung für uns. Wir verbrachten Stunden damit, uns vor dem großen Spiegel an der Badezimmertür für unseren Auftritt am Freitagabend zurechtzumachen. Dann liefen wir zur nächsten Bushaltestelle und fanden es riesig, dass die Leute uns angafften.

Einmal, beim Gang zu den Toiletten, auf denen wir im Kalei im Halbstundentakt in den winzigen, mit Edding voll gekritzelten Spiegeln unser Styling überprüften, sagte Sandra, ich hätte fleckige Haut. Es war mir peinlich, denn das Überschminken meiner aufgekratzten Gesichtshaut wirkte, wenn überhaupt, nur noch im Schummerlicht der Disco.

Eines Abends fiel mir Stefan auf. Er trug eine schwarze türkische Hose aus Leder, die ihm bis in die Kniekehlen hing, und hatte Handschellen am Gürtel. Seine Haut war bleich, seine Zähne standen schief, aber er hatte eine Ausstrahlung beim Tanzen, die ich fantastisch fand. Er hopste zur Gruftie-Musik am Rand der Tanzfläche vor und zurück und schloss dabei die Augen. Seine Koteletten waren irgendwie bemerkenswert nach unten gekämmt, denn hoch toupieren wie die anderen Jungen konnte er die Haare nun wirklich nicht, weil er schon fast eine Glatze hatte.

Woche für Woche beobachtete ich Stefan beim Hopsen, bis ich es ihm irgendwann nachmachte und meinen eigenen Tanzstil, für den ich schon reichlich Lob geerntet hatte, aufgab.

Ich war verliebt in ihn und wollte wissen, ob er mit mir gehen wollte. Doch da ich Angst hatte, einen Korb zu bekommen, beauftragte ich ein Mädchen, das immer Spitzenhandschuhe trug, ihn zu fragen. Er meinte zuerst, dass er kein Interesse an mir hätte, aber dann lud er mich doch zu sich nach Hause zum Essen ein. Er vergaß, den Fisch und die Kartoffeln zu salzen, behauptete aber, er verwende grundsätzlich kein Salz, und von da an trafen wir uns jeden Tag in seiner Altbauwohnung.

Die Wohnung hatte keine Tapeten und kaum Möbel, vor das Fenster war eine Wolldecke geklemmt, und Stefan schlief auf zwei aneinander gelegten Sofakissen auf dem nackten Fußboden.

Wir trafen uns, bevor wir ins Kalei zogen, tranken unser Bier und wärmten uns mit ein paar Liedern von Stefans altem Plattenspieler auf. Dann machten wir uns zurecht und standen, obwohl draußen die Sonne schien, abends um zehn vor sieben vor dem Eingang des Kalei, das um sieben Uhr öffnete.

Stefan war nun »mein Freund«, und ich brachte ihn ein-

46

mal mit nach Hause, um dort ein Video anzusehen und ihn meiner Mutter vorzustellen. Sie sagte, »mir wird schon schlecht, wenn ich nur daran denke, dass er dich anfasst.«

Stefan fasste mich auch gar nicht an, weil ich es nicht wollte. Unsere Beziehung bestand daraus, dass ich ihn anfasste. Mit seinen Handschellen sollte ich ihn an die Rippen des Heizkörpers fesseln und Szenen nachstellen, die er in einem Pornoheft entdeckt hatte, das ich später unter einem der Sofakissen fand. So ging das eine ganze Zeit; dann wechselte ich im Kalei vom Gruftie-Freitag auf den Oldie-Dienstag, schnitt mir die Haare bis auf ein paar Zentimeter ab und färbte sie blond.

Nach einigen Ausflügen in die Drogen- und Männerwelt begann Sandra eine Ausbildung als Hauswirtschafterin. Sie musste jeden Morgen um sechs Uhr aufstehen. Ihre Mutter achtete darauf, dass sie es wirklich tat.

Während Sandra ins Berufsleben einstieg, kam ich morgens nicht mehr aus dem Bett heraus. Ich weigerte mich einfach, aufzustehen und zur Schule zu gehen. Meine Mutter stand am Fußende meines Bettes und schrie alle zwei Minuten, »Es wird Zeit!« Oder: »Du sollst endlich aufstehen!« Aber ich konnte nicht.

Ich rannte in letzter Minute zum Bus, den ich deshalb an vier von fünf Tagen verpasste. In der Schule wurde das, was mir erst noch ein paar Lacher einbrachte, zum wirklichen Problem. Die Lehrer motzten, ich bekam den Klassenbuch-Oskar für die meisten Verspätungen, und auf dem Schulhof sprach mich der Direktor an und fragte, ob bei uns zu Hause niemand da wäre, der auf mich achten würde.

Ohne meine Maskerade, für die ich mindestens eine Stunde brauchte, verließ ich das Haus nun gar nicht mehr. Oft erschien ich erst zur dritten Stunde, samstags überhaupt nicht, und in Englisch schwänzte ich am Ende fast komplett, aber die Lehrerin drückte mehr als einmal ein Auge zu. Ich bekam eine drei minus.

5. Kapitel

PRAKTIKUM

In der elften Klasse musste jeder in unserem Jahrgang ein Berufspraktikum machen, damit man nach dem Abitur auch noch etwas anderes als theoretisches Wissen vorweisen konnte. Ich hoffte, mit einem Praktikum, das unter dem Schulfach »Kunst« verbucht wurde, meinem Fachlehrer zu beweisen, dass ich begabter bin als er annahm, und bewarb mich deshalb in einer kleinen Galerie für Kunstdrucke im Hinterzimmer eines Secondhandshops.

Der Lehrer war überhaupt nicht beeindruckt, und mir wurde es bald zu blöd, für den Besitzer der Galerie um zehn Uhr den Laden aufzuschließen, damit dieser erst um elf Uhr antreten musste. Ich erschien dann immer etwas später, und die Frau, die im vorderen Laden saß, meckerte mich an, weil ich die Galerie nicht pünktlich öffnete. Ich ärgerte mich sehr darüber, dass sie mich anmotzte, obwohl es nicht ihre Galerie war. Um mich zu rächen, klaute ich kleine Parfumfläschchen aus dem Lager des Secondhandshops und stapelte sie zu Hause in meinem Regal.

Nach einer Woche ging ich nur noch in die Galerie, weil ich hoffte, wenigstens 50 Mark wie die anderen, die ein Praktikum abgeschlossen hatten, zu bekommen. Aber Herr Doppke speiste mich mit einem Händedruck ab und war froh, mich wieder los zu sein. Ich hatte es noch nicht einmal geschafft, seine privaten Unterlagen im Copy-Shop zu vervielfältigen, ohne dabei eine Seite zu vergessen.

An einem der letzten Tage des Praktikums lernte ich meinen nächsten Freund kennen.

Weil ich mich so langweilte, besuchte ich oft Betti und Steffi, die ihr Praktikum gegenüber bei Bädeker hinter sich brachten. Wir rauchten in der Kantine ein paar Marlboro und erzählten uns, wie bescheuert wir das Praktikum fanden.

Harald, ein Gauloise rauchender Studienabbrecher mit Halbglatze, Brille, WG-Zimmer und letzter Chance auf Eingliederung ins Berufsleben durch das Volontariat in dem Buchladen, ging mit einer Tasse Kaffee an mir vorbei und stolperte dabei über einen Blumenkübel, der die Raucher von den Nichtrauchern trennte.

Wir lachten darüber und kamen ins Gespräch. Seine Stimme erinnerte mich an jemanden, in den ich mal verliebt gewesen war, und er erzählte mir, dass er am Wochenende zu den Filmfestspielen nach Berlin fahren würde.

Um mich interessant zu machen, log ich ihn an, dass ich auch schon so oft in Berlin gewesen wäre und dort eine Menge cooler Leute kennen würde. In Wirklichkeit war ich noch nie in Berlin gewesen, und ich hatte das Gefühl, dass Harald wusste, dass ich log.

Am darauf folgenden Wochenende traf ich mich mit Harald auf dem Ku'damm vor einem Kino. Harald übernachtete bei einem Kumpel, ich hatte mich einer Mitschülerin angeschlossen, die zufällig gerade nach Berlin fuhr und sich bereit erklärte, mich mitzunehmen. Ich schlief, genau wie sie, bei einem Bekannten von ihr.

Nach der dritten Nacht, in der Harald und ich durch die Kneipen gezogen waren und ich mich an seinen Körper gedrängt hatte, wollte er mit mir schlafen. Ich entzog mich seinen Annäherungsversuchen mit der Ausrede, dass wir nur bei anderen Leuten auf dem Fußboden schliefen. In Wirklichkeit wollte ich gar nicht und hoffte, ich könnte ihn irgendwie hinhalten, ohne dass er das Interesse an mir verlor.

Aus Berlin zurückgekehrt, besuchte ich Harald in seinem WG-Zimmer, und es war die gleiche Situation, wie ich sie schon so oft erlebt hatte: Irgendwann landete ich mit ihm im Bett, obwohl ich nur daran dachte, meine vermeintliche Krankheit vor ihm zu verbergen. Ich zeigte mich nicht nackt, nicht im Hellen, nicht ungeschminkt, und am nächsten Morgen fragte mich Harald, ob ich das jetzt nicht mal abwaschen wollte, weil es schon abblätterte. Es war mir peinlich, und ich tat so, als ob ich nicht wüsste, wovon er redete.

Ein paar Wochen später – ich war inzwischen 18 und hatte mir die Haare blau gefärbt – eröffnete mir mein Deutschlehrer, ich würde in dieser Zeit so schwachsinnige Klausuren schreiben wie nie zuvor.

Zum 18. Geburtstag hatte ich eine Party gegeben, zu der ich alle Leute, die ich kannte, eingeladen hatte. Sie kamen in ihren schwarzen Grusel-Monturen, und Harald brachte mir eine Geburtstagstorte mit, die er »passend zur Frisur« mit Lebensmittelfarbe blau gefärbt hatte. Meine Eltern machten die Tür zum Wohnzimmer zu, bis alle Gäste gegangen waren.

Ein paar Tage später kam Harald mit seinem kleinen Auto zum Haus meiner Eltern gefahren und versuchte, ein Gespräch zu beginnen. Er saß etwas verloren auf meinem Bett herum, und während er sprach, formte ich auf einer kleinen Amateur-Töpferscheibe mit Batteriebetrieb, die mir mein Vater geschenkt hatte, zwei Tonköpfe: der eine weint, dass einem das Herz bricht, der andere schreit wie auf dem Plattencover von »The Wall«.

Harald sagte, »du, ich habe Bauchschmerzen«, und es klang, als ob er sehr lange darüber nachgedacht hatte, wie er dieses Gespräch anfangen sollte.

»Wieso hast du Bauchschmerzen?«, fragte ich, ohne ihn anzusehen. Ich hatte Angst, er meinte, dass ich ihn mit meiner »Krankheit« angesteckt hätte, und ich nun »auf-flog«.

Er antwortete, wegen unserer Beziehung, und erklärte mir, dass er den Eindruck habe, dass ich das, was ich mit ihm machte, selbst gar nicht wollte und dass er unter die-sen Umständen lieber Schluss machen würde, damit ich mich zu nichts zwingen müsste, was mir nicht gefiele. Wir hatten einige Nächte miteinander verbracht, in denen ich die tolle Verführerin gespielt hatte, im Grunde aber gar kei-nen sexuellen Kontakt wollte.

Ich sagte nichts mehr, sondern lugte nur hinter der Kü-chengardine durch, als er in sein Auto stieg und für immer davon fuhr.

* * *

Der Abgrund, der sich in dieser Zeit unter mir auftat, war so tief, dass ich an der Oberfläche bleiben musste, um zu überleben. Ich zerstückelte mir weiterhin die Haut, verbarg mich hinter zentimeterdicker Schminke und taumelte von einem Tag zum nächsten. Ich war auf einem bitteren Weg, doch ich fand etwas, das mir half, das Vakuum, in dem ich mich befand, zu überleben.

Ich hörte Peter Gabriel singen.

Ich kaufte mir alle LPs, die ich finden konnte. Wenn ich aufstand, stellte ich als Erstes den Plattenspieler an. Eine seiner Schallplatten lag immer darauf, ich kannte sie mittlerweile alle auswendig. Wenn es jemanden gab, der *so* sang, musste es für mich einen Ausweg geben.

Eine andere Möglichkeit gab es nicht.

TEIL ZWEI
VON EINER, DIE AUSZOG,
DAS FÜRCHTEN ZU LERNEN

1. Kapitel

UNIVERSITÄT

Mein Abitur machte ich mit einem Notendurchschnitt von 2,3 und schaffte damit den Numerus clausus für das Studium, das ich für mich am geeignetsten hielt: Psychologie.

Die meiste Zeit saß ich in der Cafeteria der Bochumer Uni, die aus drei verschieden farbigen Hochhäusern bestand. Die Flure sahen so gleich aus, dass ich mich dauernd verlief. Mein Begleiter war mein Walkman, und auf der anderthalbstündigen Fahrt zur Uni hörte ich immer die gleichen Kassetten.

Die einzige Pflichtbelegung im Studienfach Psychologie war Methodenlehre. Der Dozent hieß Wandorra und hatte über Methodenlehre schon ein Buch geschrieben. Die Studenten jedes Jahrgangs kauften das Buch für 52 DM in der Fachbuchabteilung Psychologie. Methodenlehre war so etwas Ähnliches wie Mathematik. Es ging darum, Statistiken zu erstellen, um Thesen zu beweisen, und dafür gab es einen Maßstab, den man einhalten musste, damit das Ergebnis im wissenschaftlichen Sinne relevant war.

An den Eingang zum Vorlesungssaal hatte ein Student »Wandorra nach Andorra« geschrieben, was ich ziemlich witzig fand. Wir saßen in einem total überfüllten Vortragssaal und hörten Herrn Wandorra zu, der in jedem dritten Satz eine abfällige Bemerkung machte wie zum Beispiel, dass wir uns wegen des überfüllten Hörsaals keine Sorgen machen müssten, weil in zwei Semestern zwei Drittel der jetzt anwesenden Studenten mangels Fleiß und Begabung ohnehin verschwunden seien. In den Vorlesungen saßen nicht nur die Erstsemestler, sondern auch die Zweit- und Drittsemestler, die im letzten Jahr kein Wort verstanden hatten von dem, was Herr Wandorra dozierte. Sie verspürten auch keinen Drang, am Nachmittag einen der »Arbeitskreise für Methodenlehre« zu besuchen, die andere Studenten ins Leben gerufen hatten, um diese Hürde zu nehmen.

Ein paar Mal erschien ich in dieser Pflichtveranstaltung, die morgens um neun Uhr begann und drei mal in der Woche stattfand, was bedeutete, dass ich um sechs Uhr aufstehen musste, um pünktlich zu sein. Ich schrieb wie alle anderen etwas in meinen karierten College-Block und sammelte die kopierten Din A 4 Seiten, die zu jeder Sitzung ausgeteilt wurden. Ich hatte mir sogar das Lehrbuch von dem Kommilitonen ausgeliehen, der damit angab, LSD-Erfahrung zu haben und manchmal ein Huhn aus Blech zur Uni mitbrachte, das gackernd über den Tisch rollte und dabei Plastikeier legte.

Das Mysteriöseste jedoch waren die VPS, die Versuchs-Personen-Stunden. Wer die »Wandorra-Hürde« geschafft hatte und sich im Hauptstudium befand, musste sich nun selbst Thesen ausdenken samt den dazugehörigen Versuchen.

Da man Versuchspersonen brauchte, verpflichtete man dazu die Leute im Grundstudium. Jeder Student im Grundstudium hatte pro Semester 33 dieser VPS abzuleisten und es ging so: Man trug sich in eine Liste mit den Angeboten an Versuchen ein, die im Erdgeschoss neben dem Cola-Automaten an der Pinnwand hing; ließ sich, zum Beweis, dass man auch da gewesen war, die Stunden auf einer Tabelle abstempeln, und bekam am Ende des Semesters den entsprechenden Leistungsnachweis.

Die beiden Versuche, an denen ich teilnahm, fanden in winzigen Räumen im Keller der Uni statt. Im Flur standen kleine Stühle, auf denen man warten konnte, bis man dran war.

Beim ersten Versuch empfing mich eine Studentin mit langweiliger Frisur und sagte, ich solle mich an die Rudermaschine setzen und rudern. Ich ruderte.

Danach gab sie mir einen Fragebogen, in dem ich Auskunft über mein momentanes Befinden geben sollte. Aufgeregt? Deprimiert? Frustriert? Desorientiert? Ich machte meine Kreuzchen.

Hinterher sollte ich mich wieder an die Rudermaschine setzen, und dann kam der große Clou: Die Studentin dimmte das Licht etwas herunter und zeigte mir auf einer Dia-Leinwand verschiedene Bilder, die anscheinend eine entspannende Wirkung haben sollten: eine Trauerweide am ruhigen See, einen Baum im Sonnenuntergang ...

Ich bekam den gleichen Fragebogen und sollte wieder meine Befindlichkeitskreuzchen setzen. Der Sinn des Unterfangens lag klar auf der Hand: Man wollte beweisen, dass sich Rudern in freier Natur positiv auf das allgemeine Wohlbefinden einer Psychologiestudentin im ersten Semester auswirkt.

Der zweite Versuch fand ein paar Türen weiter statt. Dieses Mal war der Verantwortliche ein junger Student. Ich sollte schätzen, bis wohin ein am Boden liegender Besenstiel an meinen Körper reichen würde, wenn er aufrecht stünde. Na, sagen wir mal, bis zur Hüfte etwa?! Dieser Versuch wurde in verschiedenen Variationen wiederholt: längerer Abstand, kürzerer Stiel, und ich machte meine Sache, so gut ich konnte. Ich bekam meinen Stempel für zwei Versuchspersonenstunden.

Weil ich wenigstens einen Schein schaffen wollte – andere Studenten machten drei oder vier – entschloss ich mich dazu, ein Referat zu halten. Der Dozent war ein junger Typ. Er hatte eine Glatze, rauchte Pfeife und redete immer politisch angehauchtes Zeug daher. Ich bekam ein Thema, einen Termin und eine Liste mit Fachliteratur.

Zu Hause in meinem schwarz gestrichenen Zimmer bereitete ich das Referat vor. Ich gab mir Mühe.

Doch nachdem ich fünfzig Sekunden gesprochen hatte, sah mich der Dozent an, als käme ich gerade aus der geschlossenen Anstalt.

Zu dem Seminar ging ich danach nicht mehr, den Schein bekam ich natürlich auch nicht, und damit waren es schon zwei Veranstaltungen, die ich verpatzt hatte, was etwa die Hälfte meines Stundenplans ausmachte, der ohnehin weder Hand noch Fuß hatte.

Es blieb noch der Entwicklungspsychologiekurs bei Herrn Walter, bei dem jeder, den Herr Walter mehr als dreimal gesehen hatte, einen Schein bekam. Einmal meldete ich mich zu Wort, aber ein viel älterer Kommilitone meinte daraufhin schnippisch, dies sei kein Selbsterfahrungsseminar, sondern eine Universität.

Ich schämte mich und sagte nichts mehr.

* * *

Ein halbes Jahr, nachdem ich mein Studium begonnen hatte, bezog ich meine erste eigene Wohnung. Herr Erwin Rankenstein, den ich heimlich Frankenstein nannte, vermietete mir eine 50 qm Dachgeschosswohnung in einem 60er-Jahre Haus. Ich kaufte ein paar Sachen für die Küche, ein paar Regale bei Ikea und strich die Türrahmen und das Schlafzimmer, das keine Heizung hatte, lila. Alle zwei Wochen holte Vater meine schmutzige Wäsche. Mutter kümmerte sich darum, und eine Woche später brachte Vater sie mir gefaltet zurück.

Das zweite Semester hatte begonnen, und ich hing jetzt drei oder vier Abende in der Woche im Kalei herum und tauschte meine Plastikchips gegen Bier ein.

Die andere Lokalität, die ich regelmäßig aufsuchte, hieß Panoptikum. Es gab einen Flipper und Leute, die Backgammon und Schach und Skat spielten, und jede Menge Typen am Tresen. In einer Ecke stand ein altes Ledersofa, und auf der Wand war das gleiche Sofa gemalt, wie es gerade in den Sternenhimmel abhebt.

Ich stellte mich zu den Typen an der Theke und redete dummes Zeug. Alle halbe Stunde rannte ich aufs Klo, um mein Makeup zu überprüfen. Ich sah erbärmlich aus mit meinem Puder, unter dem die Haut sich dauernd abschälte. Ich redete mir ein, dass es eigentlich nicht so schlimm sei.

Ab und an fuhr ich noch zur Uni, aber ich hatte den Anschluss längst verloren. Einen Versuch startete ich noch:

Es ging um eine Aufgabe, für die einem viele Versuchspersonenstunden angerechnet wurden. Man musste an einem Losverfahren teilnehmen, und ich wurde ausgewählt. Ein paar Tage später holte ich mir im Büro der Versuchsleiterin einen gigantischen Stapel kopierter Fragebögen und die dazugehörige Musikkassette ab.

Es waren 30 Seiten voller Fragen, und man musste zu jeder ein passendes Musikbeispiel vorspielen. Die 20 Versuchspersonen, die man sich in seinem Bekanntenkreis selber suchen sollte, brauchten jeweils bis zu einer Stunde für den Test. Irgendwann hatte ich keine Lust mehr, Leute dahingehend zu testen, ob sie einen Moll- von einem Dur-

61

Akkord unterscheiden oder sagen konnten, ob zwei Töne drei oder vier Halbtonschritte auseinander lagen. Ich ging dazu über, selbst die Kreuzchen zu machen und die Namen und Adressen von fiktiven Personen anzugeben. Dann befürchtete ich, aufzufliegen und ließ es ganz.

Da ich Angst hatte, der Versuchsleiterin auf dem Flur zu begegnen und auf die nicht abgegebenen Fragebögen angesprochen zu werden, ging ich überhaupt nicht mehr zur Uni, außer, wenn ich mich jedes halbes Jahr zurückmeldete.

Ich musste es einsehen: Ich gehörte zu den zwei Dritteln, von denen Wandorra gesprochen hatte.

Mein Bafög versoff ich im Kalei und zahlte davon jeden Mittwoch ein Taxi zu Monis Blumenladen, in dem ich ein paar Mark dazuverdiente, denn ich musste mittwochs um neun Uhr den Laden aufschließen und verpasste jedes Mal die Straßenbahn, weil ich erst um zwei Uhr morgens ins Bett gefallen war.

Meine Wohnung entwickelte sich zu einem einzigen Albtraum. Ich sammelte Sperrmüll und kaufte auf diversen Flohmärkten nutzloses altes Zeug, das sich in diversen Ecken stapelte.

In die Küche ging ich nur noch, um dort schmutziges Geschirr abzustellen. Die zwei Katzen, Tiger und Vinzent, die ich mir zugelegt hatte, weil ich mich einsam gefühlt hatte, holten jedes Mal, wenn ich die Wohnung verließ, die paar Lebensmittel aus dem Kühlschrank und zerfetzten sie aus Protest, weil ich das Katzenklo so selten säuberte, auf dem Wohnzimmerteppich.

Ich irrte ziellos durchs Leben. In dem Jahr, in dem Mutter 50 wurde und ich nicht zu ihrer Geburtstagsfeier in den Partykeller kam, wurde sie krank. Sie hatte viel Gewicht verloren und war im Schlafzimmer zitternd zusammengebrochen. Mein Vater fand sie zusammengekauert auf dem Boden neben dem Bett und brachte sie ins nächste Krankenhaus. Man legte sie sofort an den Tropf, weil sie so dünn geworden war. Ich besuchte sie einmal, aber dann ging ich nicht mehr hin.

* * *

Aufgrund nicht erbrachter Leistungsnachweise stand mir kurz darauf die Exmatrikulation bevor, doch ich schindete noch etwas Zeit. Ich überredete die Frau eines evangelischen Pfarrers, die als Diplom-Psychologin Gerichtsgutachten über sexuell missbrauchte Kinder verfasste, mir ein Gutachten über meinen schlechten Zustand zu schreiben. So ein offizielles Schreiben mit Stempel und Unterschrift war das Einzige, was zählte, wenn man einen Fachrichtungswechsel durchsetzen wollte. Ich dachte zu diesem Zeitpunkt keine Sekunde daran, dass dieses Gutachten in irgendeiner Weise wirklich etwas mit mir zu tun haben könnte. Ich dachte einfach, ich hätte mir ein gefälschtes Papier erschlichen.

Ich schrieb die Begründung für meinen Fachrichtungswechsel, legte das Gutachten dazu und stellte damit an der Essener Universität einen entsprechenden Antrag. Er wurde bewilligt. Kurz darauf schrieb ich mich in Essen für Sozialarbeit ein, was bedeutete, dass ich weiter Bafög bezog. In der Begründung hatte ich behauptet, dass mich die Krankheit meiner Mutter so sehr aus der Bahn geworfen hätte, dass ich den Anschluss verloren hatte. Auch über diese Begründung dachte ich, dass sie in Wirklichkeit nichts mit meinem realen Leben zu tun hätte. Ich hatte mir einfach etwas ausgedacht.

Zur Essener Uni ging ich kein einziges Mal, sondern lernte eines Abends im Kalei Theodor kennen, mit dem ich dann viel Zeit verbrachte. Theodor war fast vierzig und hatte lange dunkelbraune Haare und einen Vollbart. Ich stand auf seinen Seefahrer-Look und hatte ihn schon mehrmals am Schaufenster von Monis Blumenladen vorbeigehen sehen. Jetzt stand er ohne seine Freundin Angelika neben mir im Disco-Licht. Es war dunkel genug, um ins Gespräch zu kommen.

Wir plauderten und kippten uns dabei ein Bier nach dem anderen hinter die Binde. Als das Kalei um ein Uhr dicht machte, zeigte Theodor mir eine Kneipe, die ich noch nicht kannte: das »Ego« – ein totaler Loser-Schuppen im Loser-Stadtteil von Essen.

Die Leute, die hier verkehrten, standen auch wochentags am Tresen und versoffen ihre paar Mark Sozialhilfe, bis die Sonne aufging. Dann machten sie Deckel, weil die Stütze nicht reichte. Ich war im Säufermilieu angekommen. Der Wirt, der aussah wie Roland Kaiser, ließ bis zwei Uhr nachts Gäste in die kleine Kneipe und schloss dann von innen die Tür ab, weil er keine Nachtkonzession besaß. Wenn jemand hinaus wollte, schloss der Wirt kurz die Tür auf, und oft nutzten auch noch ein paar andere Gäste die Gelegenheit, um dann nach Hause zu torkeln.

Theodor und ich tranken bis morgens um vier. Dann übernachtete ich bei Theodor, der gleich um die Ecke wohnte. Angelika war für eine Woche auf Klassenfahrt. Sie war Lehrerin.

Monatelang besuchte Theodor mich, wenn er Taxi fuhr. Er klingelte mitten in der Nacht, und ich schlich jedes Mal nach unten, um die Haustür aufzuschließen, die Frankenstein um 22 Uhr abschloss.

Wenn er kam, war ich meistens schon betrunken. Wir

tranken dann weiter und machten aus unseren Rotwein-
gelagen so etwas wie eine verhinderte Liebesgeschichte.

Bald wurde es Angelika zu viel. Sie verlangte von Theodor, dass er sich endlich entscheiden sollte, und Theodor,
der nie gefragt hatte, warum er meine Scheide nicht
anfassen durfte und warum ich meine Brüste nicht zeigte,
entschied sich nach einer ganzen Weile für Angelika.

Ich sah es an einem Sonntagabend im Kalei, dass er nun
wieder mit ihr schlief, als die beiden gut gelaunt in ihren
weißen Klamotten an mir vorbeischwebten. Ich war aufge-
bracht deswegen, ohne dass ich in dem Augenblick wusste,
was eigentlich vor sich ging.

Nachdem ich etliche Tequila in mich hineingeschüttet
hatte, beschimpfte ich Theodor und warf ihm ein Glas hinterher. Von da an lauerte ich ihm überall auf. Jeden Abend
verbrachte ich am Tresen im »Ego« und wartete auf Theodor und Angelika. Wenn sie kamen, stellte ich mich in ihre
Nähe, belauschte ihre Gespräche und tat so, als würde ich
nicht zuhören.

Ich wartete auch im Kalei, so oft es ging, und tanzte auf-
getakelt vor Theodors Nase herum. Ich bettelte, dass er zu
mir zurückkommen sollte. Ein oder zwei Mal gab er nach,
aber Angelika wurde nun energisch, und Theodor kam
nicht mehr.

Morgens, mittags und nachts rief ich bei ihm an und
sagte, dass er mich nicht einfach verlassen könnte. Ich
schrieb ihm Gedichte, Kurzgeschichten, halbe Romane,
und langsam zweifelte Theodor daran, ob es gut gewesen
war, sich mit mir einzulassen. Monatelang ging das so, bis
Theodor der Kragen platzte und er sich weigerte, noch ein
einziges Wort mit mir zu sprechen.

Ich wartete trotzdem auf ihn. Er war mein Prinz.

Ich irrte zwischen dem Blumenladen, meiner Wohnung, dem Kalei und dem »Ego« hin und her und verlor vollends die Orientierung.

Auf einer Geburtstagsparty, in die ich zufällig geraten war, lernte ich Conni kennen. Conni redete und rauchte sehr viel und erzählte mir, dass sie eine ganze Zeit im Loser-Stadtteil gelebt hätte, sich aber nun davon distanziert hätte, um ihr Leben unter Kontrolle zu bringen. Sie hatte mich auf der Party Gitarre spielen und singen hören und mich sofort angesprochen. Ich sollte sie doch mal besuchen, vielleicht könnten wir zusammen Musik machen.

Conni wohnte am äußersten Ende der Stadt in einer Haus-WG, sieben Bewohner unter einem Dach in einem alten Gemäuer mit Holzfußboden und Kohleofen. Mehrere Instrumente standen in ihrem Zimmer, doch in erster Linie spielte sie Saxofon. In der Szene war sie bekannt für ihr musikalisches Genie, aber auch dafür, dass sie es bisher nicht so richtig gepackt hatte. Sie strebte eine Aufnahmeprüfung für ein Musikstudium an und plante ihre nächsten zwei Jahre dahingehend, dass sie die Prüfung auch schaffte.

Conni machte »Arbeit statt Sozialhilfe« und übte mehrere Stunden am Tag auf ihrem Saxofon. Das imponierte mir unwahrscheinlich.

Wenn wir ihr Dope geraucht hatten, klampften wir auf einer ihrer Gitarren herum und sangen ein bisschen, wobei sie mir gestand, dass sie eigentlich gar nicht singen könnte.

Ich hing jetzt täglich bei ihr in der WG herum, und wir sangen zweistimmig irgendwelche Gesangfetzen, die wir uns gerade ausdachten. Ihren anderen Freundinnen stellte sie mich als die Katja mit der tollen Stimme vor.

Conni wurde meine Heldin. Ich betete sie an, hob sie auf ein Podest und plapperte das, was sie in unendlichen Redeschwällen, in denen viel Wahres steckte, auf mich herab-

66

goss, unverändert nach. Ich lief ihr nach wie ein Hündchen.

Einmal, als ich auf einer Party wie immer nach ihr den Raum betreten hatte, sagte jemand: »Da kommt die Nachhut.«

Es war besser, als allein zu sein.

2. Kapitel

VATER STIRBT

Vater zählte die Zigarettenstummel in seinem Aschenbecher, legte sie nebeneinander, als ob er daraus ein kleines Floß bauen wollte, und schob mit dem äußeren Stummel die Asche zu einem Haufen zusammen.

Er hatte seit zwei, drei Jahren einen Aushilfsjob als Fahrer einer Apotheke, und das bisschen Verantwortung, das man ihn tragen ließ, machte ihn zu einem anderen Menschen: Er war viel ausgeglichener und trank die Woche über nicht mehr. Er gefiel mir, doch das Glück hielt nicht lange an.

Kurz nachdem man ihm alle verfaulten Zähne herausgenommen und ein Plastikgebiss verpasst hatte, wurde seine rechte Körperhälfte taub, und er klagte oft darüber, dass er sich schlecht fühlte. Vater musste wegen seiner Beschwerden jetzt sogar sein Auto stehen lassen und konnte seinen Job nicht mehr ausüben.

Darüber, dass Vater ernsthaft krank sein könnte, sprachen wir nicht, als ich meine Eltern an einem Wochenende des Frühjahrs 1992 besuchte, aber es lag eine merkwürdige Stimmung in der Luft. Vater hatte mich in einer ungewohnten, impulsiven Bewegung am Kopf gestreichelt und schlurfte nun aus der Küche heraus.

Ich begann zu weinen, weil ich spürte, dass er sterben würde. Als meine Mutter bemerkte, dass ich weinte, zischte sie mir zu, ich solle damit aufhören. Sie schaute hinüber zu Vater, der mit dem Rücken zu uns stand, und dann wieder zu mir. Damit er nichts merkt, sagte dieser Blick. Als ließe sich dadurch, dass man es ignorierte, etwas ändern.

Vaters 57. Geburtstag am 28. März 1992 war sein letzter. Ein paar Leute aus unserem Acht-Familien-Haus kamen zur Party in unser Wohnzimmer. Ich saß neben ihm auf dem Sofa und hielt seine Hand. Er musste immer aufstehen und herumlaufen, weil er die Taubheit in seinem Körper nicht lange ertragen konnte, und ich fragte ihn hilflos, ob es weh täte.

Ein Nervenarzt stellte ihm, nachdem er auf Drängen meines Bruders endlich eine Computertomographie hatte durchführen lassen, die Diagnose »Gehirnschlag«. Der sehr junge Arzt erklärte ihm, dass die Beeinträchtigung seines Sehvermögens und seines Körpergefühls auf der rechten Seite eine Folge von »blinden Stellen« im Gehirn seien, die durch den Schlaganfall entstanden wären. Er meinte, dass die Beeinträchtigungen nicht reparabel seien und Vater deswegen ab jetzt damit leben müsse. Er sagte auch, dass er keine weitere Verschlechterung seines Befindens zu erwarten habe, und mein Vater gab sich erleichtert darüber. In Wirklichkeit war er es nicht, denn sein Zustand verschlechterte sich nach wie vor täglich. Deshalb ging Vater noch einmal zu dem Neurologen, aber der Arzt erwiderte nur, dass das auf Grund seiner Diagnose nicht stimmen könne, und schickte Vater wieder nach Hause.

Einen Monat später, am Ostersamstag, besuchte ich meine Eltern das nächste Mal, und Vater hatte auf mich gewartet: Er sagte mir, dass er es nicht mehr aushielte, und bat mich, im Krankenhaus anzurufen.

Ich ging zu unserem grünen Wählscheibentelefon, das

seit 20 Jahren auf einem gusseisernen Bord in der Diele stand, und rief in einer Klinik in Duisburg an, die der Neurologe meinem Vater – für alle Fälle – empfohlen hatte. Ich erklärte die Situation, und die Frau am anderen Ende der Leitung meinte, wir sollten uns in der Notaufnahme melden.

Wolfi, unseren Vermieter, bat ich, uns mit seinem Auto zum Krankenhaus zu fahren. Wolfi guckte sehr erschrocken, und für mich sah es aus wie ein Todesurteil.

Mutter packte ein paar Sachen in eine Tasche, zog Vater eine Joggingjacke über, und dann halfen wir ihm zuerst die Treppe hinunter und dann in Wolfis alten Mercedes.

In der Notaufnahme interessierte sich niemand für uns. Es war der Ostersamstag, langes Wochenende, und die Station war nur spärlich besetzt.

Irgendwann fragte ich die Rezeptionsschwester ein zweites Mal, ob sie nicht einen Arzt holen könnte, weil es meinem Vater wirklich schlecht ging. Nach einer Ewigkeit erschien der Arzt. Er fragte meinen Vater von oben herab, was er denn in dieser Klinik in Duisburg wolle, wenn er doch aus Essen käme, und er könnte hier am Osterwochenende ohnehin nichts tun, außer meinen Vater ins Bett zu legen.

Vater erklärte, dass der Neurologe ihm diese Klinik empfohlen hatte, und sagte noch einmal, dass es ihm wirklich nicht gut ginge.

Er bekam ein Bett in der vierten Etage. Als wir ihn dort alleine zurückließen, waren wir irgendwie froh, dass wir gehen konnten. Ich versprach ihm, dass er bald wieder die Klinik verlassen könne, und er sah den Arzt triumphierend, aber resigniert an. »Haben Sie gehört, was meine Tochter gesagt hat?«, fragte Vater den Arzt. Ich musste mir ein paar Tränen verkneifen.

Nach einer Reihe von Untersuchungen stand fest, dass mein Vater Lungenkrebs im Endstadium hatte und der Krebs bereits Metastasen im Gehirn und im übrigen Körper gestreut hatte. Vater hatte drei Tumore im Kopf, hinter der Stirn, und diese bewirkten, dass das Gehirnwasser nicht mehr abfließen konnte und auf sein Gehirn drückte. Daher rührten die Taubheitsgefühle und das langsame Erblinden und dann, ein, zwei Wochen später der Wasserkopf. Mein Vater winselte, dass die Ärzte endlich etwas gegen den Druck in seinem Kopf tun sollten.

Man setzte ihm einen Schlauch ins Gehirn, und das Ende des Schlauches steckte im Bauch, damit das Wasser ablaufen konnte und der Druck nachließ. Vater trug einen Verband um den Kopf, und unter der Haut am Nacken sah man, wo der Schlauch entlang lief.

Ich wollte ihm dabei helfen, den Oberkörper aufzurichten, aber er fuhr mich an, weil ich ihn nicht richtig angefasst hatte, und ich machte einen Schritt zurück, weil Vater sich so verändert hatte.

Davor hatte er sich immer noch aus dem Bett gequält und war allein, eine Hand immer an der Wand entlang, den Krankenhausgang hinauf und hinunter gelaufen.

Einmal war ich, wie immer ohne die anderen, zum Krankenhaus gekommen, aber Vater lag nicht in seinem Bett. Ich schaute mich suchend um und sah ihn von hinten, wie er da mit der Hand an der Wand über den Flur schlich, und es schien mir, als würde ich seine Seele sehen. Die Art, wie er sein ganzes Leben alleine gemeistert hatte. Ich sah, dass er wusste, dass seine Zeit ablief.

Er wollte nicht sterben. Ich sah es an seinem Schritt, in der Art, wie der Morgenmantel an seinem schiefen Rücken herunterhing, an dem Bein, das er schlurfend hinter sich her zog, und ich sah es in seinem Gesicht. Er war auf die

Welt gekommen und einsam geblieben. Ich sah das alles in einer Sekunde, und es brach mir das Herz.

Nach der Operation am Kopf stand Vater nicht mehr auf. Letzte Woche hatte ich ihn am Telefon noch angelogen, dass ich Durchfall hätte und deshalb nicht kommen könnte, und ich hatte ihm auch nicht das Foto von mir mitgebracht, dass er auf seinen Nachttisch stellen wollte. Stattdessen hatte ich die Hälfte von den 400 Mark, die er zu Hause in seinem Kleiderschrank für schlechte Zeiten versteckt hatte und auf die er mich vor ein paar Tagen aufmerksam gemacht hatte, weggenommen, ohne etwas davon zu erzählen.

Jetzt stand er nicht mehr auf und döste in seinem Bett vor sich hin. Der Kopf war ganz klein geworden, der Bauch ganz dick, und ich fand ihn schweißgebadet und keuchend in seinem Zimmer. Er erkannte mich am Schritt und öffnete die Augen.

Der Verband um seinen Kopf war mittlerweile abgenommen, und man konnte die grob vernähte Narbe am Kopf sehen. Da, wo man sein Haar wegrasiert hatte, standen millimeterkurze Stoppeln. Sein Gebiss war an einem der ersten Tage in der Klinik durchgebrochen, und da ihm praktisch alle Zähne fehlten, war sein Mund eingefallen wie ein Gummiboot, aus dem man die Luft herausgelassen hatte.

Vaters Augen waren trübe wie Milch. Ich fragte ihn, ob es ihm heute besser gehen würde, und er antwortete, dass es ihm nicht besser gehen würde, nein. Er erklärte mir, dass die anderen beiden Patienten, die eine ähnliche Operation hinter sich hatten, schon wieder auf den Beinen waren, er aber nicht.

Ich überredete meinen Vater, aufzustehen und mit mir in die Empfangshalle zu kommen, zog ihm seinen beigebraunen Bademantel über und setzte ihn in den unmodernen Rollstuhl, der auf dem Flur herumgestanden hatte. Er sollte aufstehen, ich akzeptierte das Todesurteil, das man uns auf dem Krankenhausgang nebenbei verkündet hatte, nicht. Doch Vater konnte sich kaum in dem Stuhl halten und sackte zur Seite weg.

Im Aufzug fiel mir auf, dass Vaters Bademantel beschmutzt war und seine Füße nackt. Die anderen Leute im Fahrstuhl schauten irritiert. Jemand in diesem Zustand gehörte nicht in einen Fahrstuhl. Vater bemerkte es, ich bemerkte es, und es tat weh. Ich drehte eine Runde mit ihm durch die Empfangshalle an dem Kiosk vorbei, an dem wir am Anfang noch zusammen Eis gekauft hatten, und brachte ihn dann in sein Zimmer zurück.

Ich erzählte niemandem davon.

Als ich das nächste Mal kam, stand ich vor einem frisch bezogenen Bett. Alle Sachen waren weggeräumt.

Ich rannte zu der Schwester, die mir sagte, dass man meinen Vater in ein anderes Zimmer verlegt habe. Es war das letzte Mal, das ich meinen Vater sah, und mein Unterbewusstsein spürte es. Ich lief über die Flure wie jemand, der einen schweren Autounfall hatte, aus dem Wagen steigt und sagt, er sei unverletzt, die Polizei vom nächsten Münzfernsprecher aus anruft und dann zitternd zusammensackt.

Von weitem schon sah ich Vater aufrecht auf seinem Bett sitzen. Seine Beine baumelten über den Bettrand, ohne den Boden zu berühren. Ein junger Arzt punktierte meinem Vater die Lunge. Die Zimmertür stand auf, und sie stachen ihm von hinten durch die Rippen, als sei es nichts Besonderes, für das man die Tür schließen müsste. Das blutig schleimige Wasser, das hinten aus der Hohlnadel herauslief, sammelte sich in einem Glasballon, der neben dem Bett auf dem Fußboden stand.

Ich schaute meinem Vater ins Gesicht und sah, dass er resigniert hatte. Ich sah, dass er sterben wollte.

Ich sah es an der Art, wie er sich mit den Händen an der Bettkante festkrallte, um aufrecht sitzen zu bleiben. Ich sah es im Gesichtsausdruck des Arztes und in den Augen der Schwester.

Der Arzt schickte mich hinaus und bat mich, später wiederzukommen, wann, das sagte er nicht. Auf der Besucher-Toilette brach ich in Tränen aus, aber weil die Tränen meine Schminke verwischten, beherrschte ich mich.

Nach über einer Stunde war die Tür zu Vaters Zimmer wieder geöffnet, und ich trat ein. Er lag ganz erschöpft da und rang nach Luft. Er sagte, »Katja, mir geht es gar nicht gut«, und ich sagte, dass ich es wüsste und dass es mir so Leid tat. Ich beugte mich zu ihm hinunter und umarmte seinen entstellten Kopf. Mein Vater sagte, ich sollte in zwei Tagen wiederkommen, dann sähe die Welt ganz anders aus.

Zwei Tage später in der Nacht zum 18. Mai 1992 starb mein Vater, und ich hatte ihn, im Gegensatz zu den anderen, nicht wieder besucht.

Der Anruf erreichte mich mitten in der Nacht, und ich ließ das Telefon klingeln. Die ganze Nacht über klingelte es, und Conni, die in dieser Nacht das erste und einzige Mal während unserer langen Beziehung in meinem Bett schlief,fragte mich nicht, warum ich nicht endlich den verdammten Hörer abnehmen würde.

Am Hinterausgang der Duisburger Klinik überreichte man meinem Bruder und mir die Kleidung meines Vaters in einem blauen Plastik-Müllsack. Die Brille, das Portemonnaie und die Armbanduhr gab man uns direkt in die Hand. Ich nahm die Armbanduhr. Sie war auf vier Uhr stehen geblieben, und als ich sie anschaute, dachte ich an die Haare auf Vaters Unterarm.

Es folgte die Beerdigung und mein 22. Geburtstag, und kurz darauf fuhr ich mit meiner Mutter, meinem Bruder und seiner Verlobten Doris in ein kleines Haus direkt an der holländischen Nordseeküste. Niemand sprach ein Wort über meinen Vater und über das, was in den letzten vier Wochen passiert war. Alle schienen sich prächtig erholt zu haben; nur ich lief nachts betrunken durch die Gegend und fand den Weg von der einzigen Dorfkneipe zurück zum Haus nicht.

Ich hatte mir aus nachtschwarzem Samt eine Art Cape genäht, das mir wie die Flügel einer Fledermaus um den Leib hing, und mein Bruder machte darüber abfällige Bemerkungen. Ich verzog mich mit einem kleinen Kassettenrekorder in mein Zimmer und stritt mich mit Doris darüber, ob man ein halbes Kilo übrig gebliebener gekochter Spaghetti einfach in den Mülleimer werfen dürfte. Doris war OP-Schwester und ich hasste sie, weil sie allem, was mit Vater passiert war, so analytisch gegenüber stand, als ob sie kein Herz hätte. Abends spielten wir alle zusammen »Gruppentherapie«, ein neues Familienbrettspiel, und Doris warf die Spaghetti in den Müll, anstatt sie am nächsten Tag noch mal aufzuwärmen.

* * *

Wir wohnten in einem Haus direkt am Deich. Dieser hatte auf der Höhe unseres Hauses eine Plattform, auf der ein Gedenkstein stand. Die Inschrift besagte, das an einem Tag im 18. Jahrhundert alle Männer des Dorfes beim Fischen in einem Sturm ums Leben gekommen waren. Ich stand davor und spürte, dass das für unsere Situation eine Bedeutung hatte, aber ich wusste nicht, welche, und so vergaß ich es wieder.

Sonntags darauf setzte sich etwas Großartiges in Gang: die sonst leergefegte Straße füllte sich mit Menschen, zuerst kamen Männer in schwarzen feinen Anzügen und weißen Hemden, dann stellten sie wahrhaftig einen Flügel mitten auf die Plattform, und immer mehr Männer in schwarzen Anzügen erschienen. Es war ein hundertköpfiger Männerchor mit Dirigent und Pianisten, der sich da in zwei großen Gruppen um den Flügel herum versammelte. Wo sonst mit kleinen Trittstufen unterschiedliche Reihen innerhalb eines Chores gebildet werden, übernahm hier die natürliche Neigung des Deiches diese Unterteilung, und ich hatte das Gefühl, dass unheimliche verborgene Kräfte am Werk waren, die meinem Vater zu einem angemessenem Abschied verhalfen.

Immer mehr Besucher strömten zu Fuß oder auf Fahrrädern heran, und als ich mir die Inschrift des Steines genau durchlas, wusste ich, warum: Es war der 300. Jahrestag, an dem alle Männer des Dorfes ertrunken waren.

Mein Bruder und Doris hatten sich längst verzogen, als ich mit meiner Mutter bis ganz nach oben den Deich hinaufging und in Richtung Meer blickte.

Dann war es soweit: Die Musiker konzentrierten sich, die Besucher wurden still, und in diese Stille hinein zählte der Dirigent mit seinem Stab den Takt an. Der Pianist spielte die Einstimmungssequenz, und mir zog sich schmerzhaft das Herz zusammen. Ich schaute mich nach meiner Mutter um. Sie ging von mir weg, auf einen Weidezaun in Richtung Meer zu, stützte sich mit den Unterarmen darauf ab, blickte in die Ferne und weinte. Ihr Haar bewegte sich wie das Gras im Wind.

Dann begann der Chor. Hundert aufeinander abgestimmte Kehlen setzten an. Ein Credo, so rein und stark wie die Wellen des Meeres, erklang, ohne dass eine Wand den Schall brach. Die Töne schwebten bis hinunter zum Ufer, und es schien mir, als sangen sie für meinen am Krebs erstickten Vater.

Ich schaute auf die kleine Biegung des Strandes und hatte ein sicheres Gefühl, das ich trotz meiner abgetöteten Wahrnehmung empfand: Diese Szenerie, diese Musik waren der Beweis dafür, dass in all dem, was um mich herum und mit mir passierte, ein Sinn lag.

* * *

Nachdem wir nach Essen zurückgekehrt waren, bekam ich starke, krampfartige Schmerzen in der rechten Brust, die in immer kürzeren Intervallen auftraten und schließlich nicht mehr abebbten.

Jede Nacht schreckte ich von Albträumen auf, in denen mein Vater im Rollstuhl saß und direkt vor mir mit einem Rad in den Straßenbahnschienen zur Seite kippte, während er mich ansah und fragte, warum ich ihm nicht geholfen hätte.

In einem anderen Traum ging ich nach langer Zeit zu meiner Mutter in die Wohnung und wurde misstrauisch, weil irgendetwas nicht stimmte. Die Wohnzimmertür, die in der Mitte ein großes Viereck aus geriffeltem Glas hat, durch das man schemenhaft in das Zimmer hineinblicken kann, war, anders als üblich, geschlossen. Meine Mutter bemerkte, dass ich Verdacht schöpfte, und ging in die Offensive. Sie müsse mir gestehen, dass Vater gar nicht tot sei und sie ihn deshalb seit Monaten hier auf dem Sofa, auf dem er sonst immer gelegen hatte, verstecke. Als ich ins Freie flüchten wollte, stand Vater plötzlich im Türrahmen des Kinderzimmers und versperrte mir den Weg. Vater stand da wie eine Aufziehpuppe, deren Uhrwerk abgelaufen ist. Die Arme hingen schlapp vom Körper herab. Er trug seinen blauen Nicki-Schlafanzug und konnte sich nicht bewegen, weil er tot ist. Als ich an ihm vorbei wollte, öffnete er die Augen und sah mich genau an. Seine Augen waren milchig wie Murmeln.

Ich dachte nun, dass ich an Brustkrebs sterben müsste, aber ich konnte mit niemandem darüber sprechen. Stattdessen zog ich trinkend durch die Stadt. Tagelang ließ ich die beiden Katzen Tiger und Vinzent nur mit ein bisschen Trockenfutter in meiner Wohnung alleine. Einmal rief der Vermieter bei meiner Mutter an, weil das Küchenfenster vom Wind zugeknallt war und die Scherben seit zwei Tagen vor dem Haus auf der Straße lagen. Die beiden Katzen guckten seitdem aus dem Fenster und jammerten.

Meine Mutter wusste nicht, wo ich war, und ich wusste es selbst nicht. Die meiste Zeit schlief ich bei Conni, trank die Party-Bestände der WG leer und schämte mich, wenn mir jemand aus der WG über den Weg lief. Die anderen Tage und Nächte verbrachte ich auf den Sofas von Saufkumpanen aus dem »Ego«.

Veronika, Theodors Ex-Frau, die ich zufällig kennen gelernt hatte, wohnte in dem Loser-Stadtteil, und hatte ein Zimmer zur Untermiete frei. Ich fragte Veronika, ob ich einziehen könnte und sie sagte ja.

Ich löste meine Dachgeschosswohnung bei Frankenstein auf. Mit fehlte die Kraft, jemanden zu suchen, der mir die Aquarium-Fische, wegen denen mein Vater mich immer gelobt hatte, und die beiden Katzen Vincent und Tiger abnahm.

Weil mir die Fische seelenloser erschienen, steckte ich sie in eine Tüte und wartete, bis sie sich nicht mehr bewegten. Tiger brachte ich zum Rhein-Herne-Kanal und setzte sie dort aus. Vincent, den ich als Baby bekommen hatte und der anhänglich war wie ein Kind, nahm ich auf den Arm und stieg mit ihm, der noch nie meine Wohnung verlassen hatte, in die Straßenbahn. Ich setzte ihn in einem Hinterhof von Rüttenscheid aus.

Jahre später, als ich erkannte, was ich getan hatte, fuhr ich, starr vor Angst, wieder zu dem Hinterhof und fragte die Leute dort, ob hier ein kleiner schwarzer Kater mit weißer Nase, weißen Pfoten und weißem Bauch herumlaufen würde. Ich hatte die Hoffnung, dass man ihn gefunden und gepflegt hatte und er weiterlebte, aber ich fand ihn nicht mehr. Zurück blieb ein Maunzen in der Nacht, als ich ihn im dunklen Hinterhof zurück ließ.

Ich übergab meine Wohnung in einem jämmerlichen Zustand. Frankenstein regte sich vor allem darüber auf, dass ich die Badezimmer Armaturen abmontiert und weggeworfen hatte, jetzt waren Löcher in den Fliesen, statt Handtuchhalter, aber seine Kritik prallte an mir ab wie an einem Gummiball. Im Keller stapelte sich bis zur Decke Sperrmüll, den ich irgendwann entsorgen wollte. Die Türrahmen waren lila und die Einbauküche grün und schwarz lackiert. Draußen vor dem Haus standen 12 Müllsäcke der Stadt Essen, die bereits auseinander geplatzt waren, weil ich alles, was mir überflüssig erschien, hineingestopft hatte.

Erwin ließ mich gehen.

* * *

Ich zog zu Theodors Ex-Frau in das Zimmer zur Untermiete und war dem vollkommenen Wahn verfallen, Theodor sei der Prinz, der mich retten könnte. Ich wusste, dass er Veronika ab und zu besuchte, und deshalb malte ich mir Szenen aus, in denen Theodor mich verblüfft ansieht, als er zur Tür hereinkommt, und endlich erkennt, wie dumm er war, mich zu verschmähen.

Meine Angst, ich hätte eine ansteckende Geschlechtskrankheit, die sich auf der Toilette übertragen könnte, steigerte sich ins Unermessliche, da ich nun mit einer anderen Person die Toilette teilte.

Ich trank Veronikas Wein weg, die selbst jeden Abend eine halbe Flasche brauchte, und versuchte, ihr möglichst aus dem Weg zu gehen.

Mehr und mehr zog ich mich in der riesigen Altbauwohnung zurück. Die ersehnten Besuche von Theodor, die einmal im Monat stattfanden, bekam ich gar nicht mit, weil er Veronika besuchte und nicht mich. Demonstrativ setzte er sich mit Veronika auf den Balkon und beachtete mich nicht. Ich versteckte mich in meinem Zimmer, weil ich mich schämte, dass ich so offensichtlich die Wohnung wegen Theodor gewechselt hatte, und ich schämte mich wegen meiner Haut.

Veronika sprach mich jetzt auch schon auf den schlechten Zustand meiner Haut an, aber ich weigerte mich, darüber zu reden. Ich weigerte mich sogar, das Wort »Haut« überhaupt in den Mund zu nehmen.

In dem Haus, in dem ich vorher gewohnt hatte, stapelte sich immer noch der Sperrmüll in den Kellerräumen, und nun bekam ich böse Anrufe von Frankenstein, der von meiner Art und Weise genug hatte. Er drohte mir, den Keller auf meine Rechnung räumen lassen, wenn ich mich nicht darum kümmern würde.

Ich rief bei der Müllabfuhr an und bekam einen Termin für Ende des Monats. Das teilte ich Erwin mit, und er gab Ruhe.

_____ 3. Kapitel _____

GANZ WEIT WEG

Ich schminkte mich jeden Morgen stundenlang und bewarb mich eines Tages um einen Job in einem türkischen Reisebüro. Ich trug zu der Zeit immer Kleidung, die mir gar nicht gehörte. Jacken, Hosen und Pullis, die ich nach einer Nacht auf dem Sofa bei irgendwem abgestaubt hatte und die mir dementsprechend auch nicht passten. Ich sah etwas abgerissen aus mit meiner alten Jeansjacke, als ich mich vorstellte, doch der Mann, dem das Reisebüro gehörte, gab mir den Job trotzdem. Er hieß Mustafa, war um die 40, hatte Frau und drei Kinder, und er war schwerer Trinker. Im Hinterzimmer stand immer eine Flasche Jim Beam, den er in regelmäßigen Abständen den ganzen Tag über trank.

Er verdiente sein Geld damit, Flugzeuge zu einem günstigen Komplettpreis zu chartern und diese in der Ferienzeit von Düsseldorf aus entweder Ankara, Izmir oder Istanbul anfliegen zu lassen.

Die Tickets verkaufte er an die vielen türkischen Einwanderer in diesem und den angrenzenden Stadtteilen, gab ihnen Rabatte und bot einen Bustransfer zum Flughafen an.

Die Leute flogen zu ihren Familien in die Türkei und nahmen stapelweise Konsumgüter mit, um ihre Familien damit zu versorgen. Sie konnten den Kram samt persönlichem Gepäck zu Mustafas Reisebüro bringen und am Tag des Abfluges mit den anderen Passagieren zusammen im Transportbus zum Düsseldorfer Flughafen fahren, ohne Scherereien mit Parkplätzen zu haben.

Wochenlang saß ich Mustafa am Schreibtisch gegenüber, und die Türken sahen mich an, als käme ich vom Mars. Eine Deutsche, noch dazu mit rot gefärbten Haaren und irgendwie merkwürdigen Klamotten, das war eine echte Sensation. Es sprach sich herum wie ein Lauffeuer unter den Männern, die meistens ohne ihre Frauen kamen; könnte sein, dass ich durch meine bloße Anwesenheit Mustafas Umsätze in die Höhe trieb.

Meine Aufgabe war es, Quittungen und Flugtickets zu sortieren und Kaffee zu kochen. Ich hatte überhaupt keine Ahnung von der Arbeit in einem Büro, und irgendwann begann ich damit, Miniröcke anzuziehen, die ich mir an Veronikas Nähmaschine selbst genäht hatte.

Ich blieb abends immer länger; es gab tatsächlich stapelweise Flugtickets und Quittungen einzusortieren.

Als die Sommerferien begannen, waren alle Passagiere mit Tickets versorgt, und man brachte sie zweimal wöchentlich zum Flughafen. Es wurde ruhiger in Mustafas Reisebüro, auch seine Familie flog für ein paar Wochen in die Heimat. Ich fand ihn schön, den Chef, und irgendwie kam es an dem Abend, als seine Familie weggeflogen war, dazu, dass er mir einen Schlüsselbund in die Hand drückte und sagte, ich solle in der Videothek einen Pornofilm ausleihen und in seiner Wohnung auf ihn warten.

Ich lieh keinen Pornofilm, sondern »Das Schweigen der Lämmer« mit Anthony Hopkins, und von dem Abend an schlief ich im Ehebett von Mustafa und seiner Frau.

Wir tranken jeden Abend Whiskey und diesen türkischen Schnaps aus Anis, den man auch als Ouzo in Griechenland bekommt und den man eigentlich als Verdauungshilfe in kleinen Mengen nach dem Essen zu sich nimmt. Die türkische Variante heißt Raki und eignet sich nicht dazu, ohne das dazugehörige Essen oder in größeren Mengen konsumiert zu werden, denn es verklebt einem komplett die Hirnwindungen. Nach ein paar Gläsern schaltet man einfach vollkommen ab.

Ich kaufte Knabberzeug, das ich in kleinen Schälchen auf dem Wohnzimmertisch verteilte, und bewegte mich, als sei es das Normalste von der Welt, in der fremden Wohnung einer türkischen Familie. Die Wohnung roch türkisch und sah türkisch aus, und wenn ich Nachbarn im Hausflur traf, die allesamt auch türkisch waren, sahen die mich an wie eine Diebin, die sich gerade aus dem Haus stiehlt, und so fühlte ich mich auch. Ich lächelte scheu, drückte mich an der Treppe an ihnen vorbei und machte, dass ich weg kam. Morgens ging ich direkt von der Wohnung aus ins Reisebüro und brachte vom Supermarkt Blumen mit.

Dann begann ich, vor Ort Kleidungsstücke »auszuleihen«, aus dem Schrank der ältesten Tochter. Die Sachen standen mir sogar gut, sie waren tailliert und hatten Blümchenmuster. Mustafa erkannte sie als Sachen seiner Tochter, sagte aber nichts, und ich hängte die Klamotten irgendwann alle wieder in den Schrank mit der Schiebetür zurück.

Drei Wochen später – die beiden Typen, die ständig im Reisebüro herumhingen und so taten, als könnten sie kein Wort Deutsch, hatten natürlich etwas mitbekommen und musterten mich vielsagend – flog Mustafa zu seiner Familie nach Istanbul. Mit mir hatte er ausgemacht, dass ich ihn in Istanbul besuchen sollte, nachdem er seine Frau und die beiden Kinder in den Flieger zurück nach Düsseldorf gesetzt hatte.

Mustafa beauftragte eine junge Türkin, die auch nach Istanbul wollte, sich ein bisschen um mich zu kümmern. Die Fluggesellschaft hieß »Orient-Airlines«, und die Maschine war klein und schäbig und hatte kyrillische Buchstaben auf der Seite und an den Schildern, die vermutlich den Notausgang auswiesen. Die Stewardessen und Stewards trugen altmodische Uniformen aus den 70er-Jahren, lächelten nicht, und es gab Orangensaft aus Aldi-Pappkartons in Plastikbechern.

Als die Maschine anrollte und ich aus dem kleinen Fenster direkt neben uns ein Flugzeug starten sah, erschien mir die ganze Sache mit der Reise nach Istanbul plötzlich sehr fragwürdig. Ich wollte dann doch lieber aussteigen, aber es war zu spät.

20 Sekunden später befanden wir uns auf der Startbahn und beschleunigten in einer Weise, wie ich es niemals für möglich gehalten hätte. Ich rang um Luft, und dann hoben wir ab. Der Flieger erhob sich in einem 45 Grad Winkel nach oben, und ich hatte die idiotische Befürchtung, ich würde hinten über meinen alten Flugzeugsitz kippen, so steil war es. Wir flogen.

Mein Platz befand sich in Höhe der Tragfläche, und ich verbrachte die zweieinhalb Stunden bis zur Landung damit, die Spitze der Tragfläche zu fixieren, die im Fahrtwind leicht vibrierte. Ich war mir sicher, dass sie jeden Moment brechen und wir in die Tiefe stürzen würden.

Ich starb vor Angst.

Der Landeanflug auf Istanbul Airport, der sich weit außerhalb der Stadt befindet, war einigermaßen erträglich, denn die Maschine kam jetzt vom Meer her und reduzierte verhältnismäßig langsam Höhe und Geschwindigkeit.

Trotzdem zitterten meine Beine, als ich ausstieg. Ich wusste nicht so recht, wo ich eigentlich war und was ich hier verloren hatte.

Mustafa wartete, reichlich angetrunken, hinter der Passkontrolle auf mich und rief: »Da ist sie!«, als er mich kommen sah. Er lieferte mich in dem gerade eröffneten Vier-Sterne-Hotel ab, das er »für sein Reisebüro testen wollte« und das so neu war, dass noch nicht mal die Fahrstühle funktionierten. An der Rezeption musterte man uns skeptisch, weil es wirklich vollkommen unüblich ist, dass ein türkischer Mann mit einer 22jährigen deutschen Frau mit roten Haaren und nackten Oberarmen in einem Hotel absteigt.

Ich hatte das Gefühl, dass ich wirklich froh darüber sein konnte, dass mich niemand vom Hotelpersonal bei der örtlichen Sitte anschwärzte und ich nicht zum Verhör in irgendeinen miesen türkischen Knast verschleppt wurde.

Mustafa schlief die nächste Nacht in dem Hotel, in dem sich seine Familie aufhielt, bevor sie am nächsten Tag zurück nach Deutschland fliegen sollte.

Seine Frau und seine Kinder hatten nicht den leisesten Schimmer davon, dass ich zum Kurzurlaub in die Hauptstadt ihrer Heimat aufgebrochen war, und reisten am nächsten Morgen tatsächlich ab. Mustafa brachte sie zum Flughafen, dann waren sie weg.

Eine Stunde später rutschte Mustafa im Badezimmer aus und brach sich eine Rippe. Damit musste er zum Arzt, und es wurde immer skurriler.

Durch einen wochenlangen Streik der Müllabfuhr stapelten sich hinter den Restaurants die Müllsäcke mit Fischabfällen und Unrat. Es stank erbärmlich. Zu allem Überfluss hatte ich mir einen schlimmen Durchfall eingehandelt, der mir wie Cola an den Innenseiten der Oberschenkel hinunterlief, wenn ich mich von der Toilette erheben wollte.

Ich ignorierte es.

Mustafa tat so, als sei er ein Millionär, und schleppte mich jeden Abend in teure Restaurants, in denen Fotografen herumschlichen, die für zehn Mark ein Polaroid machten, die das Paar in einem Herzchen zeigten. Wirklich romantisch.

Ich schminkte mich nie ab, bevor ich schlafen ging, und im Bett, das ich mit Mustafa grundsätzlich nur ab 2,5 Promille teilte, rutschte ich auf ihm herum, wobei er ständig versuchte, in mich einzudringen, was ihm aber nicht gelang. Er sagte dann oft, dass wir es jetzt so gemacht hätten, wie ich es wollte, und es nun so machen sollten, wie er es wollte.

Eines Morgens klopfte der Zimmerservice an die Tür. Mustafa wickelte sich ein Handtuch um die Hüften, das rosa war und vorne, wegen seines erigierten Penis', abstand. Er öffnete, verärgert darüber, dass er wieder nicht richtig zum Zuge gekommen war, die Tür. Der Steward blickte direkt auf das Bett, in dem ich, verstört, und vom Vortag noch halb alkoholisiert, lag. Ich versuchte, mich hinter der Bettdecke zu verstecken. Unsere Blicke trafen sich trotzdem, und von dem Tag an hatte ich Angst, jemandem vom Hotelpersonal zu begegnen. Ich war mir sicher, dass sie in ihrem Pausenraum längst über die deutsche Nutte aus dem 5. Stock herzogen, während sie entrüstet den Kopf schüttelten.

Durch die ständige Nerverei und den ständigen Alkoholkonsum wurde die Stimmung zwischen Mustafa und mir immer angespannter. Eines Abends bekamen wir nach der üblichen Dosis Raki Streit. Wahrscheinlich war es im Grunde eine versteckte Kritik an unserem verkorksten Sexualleben, und ich brach im Sommergarten eines Fischlokals in Tränen aus.

Mustafa hatte wie immer die größte Platte mit Fisch bestellt, doch gleichzeitig war er verärgert, dass wir nun schon zum dritten Mal diesen Laden besuchten – und man uns wiedererkannte. Die Tische standen dicht an dicht. Weil ich nicht wusste, worum es eigentlich ging und mich so hilflos fühlte, rief ich: »Mein Vater ist gestorben!« Ich war sehr betrunken, und mir liefen die Tränen über das Gesicht.

Mustafa erniedrigte mich, indem er mich fragte, was ich denn überhaupt in meinem Leben für meinen Vater getan hätte. Er sagte das, als hätte ich kein Recht, um meinen Vater zu weinen, und ich wusste auch keine passende Antwort.

Mustafa, genauso betrunken wie ich, war die Szene peinlich, und nach ein paar Augenblicken sagte er zu mir, dass wir das Lokal jetzt verlassen müssten. Ich weinte immer noch, und im Hotelzimmer tranken wir weiter.

Später in der Nacht, nachdem ein betrunkenes Wort das andere gegeben hatte, wurde Mustafa handgreiflich und drohte mir, mich vom Balkon hinabzustürzen, wenn ich jetzt nicht endlich damit aufhören würde, ihm auf die Nerven zu gehen.

Er warf mich nicht hinunter.

Weil ich mit Mustafa vor dem Urlaub die idiotische Idee gesponnen hatte, in Essen einen Laden für Kleidung und Schmuck zu eröffnen, quälte ich mich noch ein paar Tage durch die Illusion, das alles irgendwie gut gehen würde.

In der Bruthitze liefen wir durch die Stadt und kauften von Straßenhändlern auf Mustafas Kosten Unmengen von minderwertigem Plunder aus Leder und Silber und verstauten diesen in einer Reisetasche. Ab und zu suchten wir wegen Mustafas Rippe einen Arzt auf, der mich jedes Mal abschätzend musterte, als hätte ich Lepra, und so fühlte ich mich auch.

An jeder Straßenecke riefen mir die Männer böse Bemerkungen hinterher, weil ich halb durchsichtige Hosen trug; im Teegarten warf uns der Besitzer mit den Worten: »Was bringst du uns hier so eine Drogensüchtige hinein!«, achtkantig hinaus; ich weigerte mich, Mustafas Hemden zu waschen, und nach weiteren Streitereien schickte mich Mustafa ein paar Tage vor meiner geplanten Abreise nach Hause.

Er brachte mich zum Flughafen. Wir mussten die halbe Nacht am Airport warten, tranken Bier und Schnaps, und gegen fünf Uhr morgens wurde mein Flugzeug aufgerufen. Ich ging durch die Schleuse, sah mich noch einmal nach Mustafa um, bevor er im Gewühl verschwunden war.

Die Reisetasche mit den Leder- und Silbersachen trug ich bei mir und hatte keine Ahnung, ob das Zeug vielleicht verzollt werden musste. Ich ging einfach reichlich alkoholisiert durch alle Absperrungen auf türkischem Boden und hatte Glück, dass mich niemand fragte, was sich in meiner Reisetasche befand, denn ich hätte noch nicht mal 30 Mark gehabt, um eine anfallende Gebühr zu bezahlen.

Mustafa war mit Sicherheit schon im Taxi auf dem Weg ins Hotel. Ich hatte keine Telefonnummer, keine Adresse, nichts, was mir weitergeholfen hätte, falls irgendetwas mit dem Flug schief gegangen wäre. Er hatte mich am Gate abgeliefert, und das war's.

Eine ganze Weile wartete ich an der Glastür zum Rollfeld, bis ich bemerkte, dass irgendetwas nicht stimmte, weil es so lange dauerte und auch sonst kaum jemand da war. Ich fragte den Mann, der neben mir stand, ob er wüsste, was mit dem Flug nach Düsseldorf sei, und er sagte, dass ich hier am falschen Gate stehen würde. Die Passagiere seien längst mit dem Bus über das Rollfeld zur Maschine gebracht worden.

Wie so oft in solchen Situationen reagierte ich schnell und gezielt. Einmal aus dem Kaninchenschlaf gerissen, während dem ich wie ferngesteuert die unglaublichsten Situationen durchlebte, dachte ich nicht mehr lange nach und setzte mich in Bewegung. Ich musste den Flieger bekommen! Mir wäre ansonsten nur ein Zusammenbruch oder die deutsche Botschaft oder ein Zusammenbruch in den Räumen der deutschen Botschaft geblieben. Also beeilte ich mich.

Ich rannte durch die Flure des Airports, der im Morgengrauen lag, bis ich auf jemanden mit einem Funkgerät stieß. Der Mann in der blauen Uniform verstand mich. Er funkte mit seinem Walkie-Talkie herum und wies mich an, ihm zu folgen, nachdem ich ihm mein Ticket gezeigt hatte.

Zwei Minuten später befand ich mich in einem kleinen weißen PKW, der über das Rollfeld raste und mich direkt zum Flugzeug brachte. Ich stieg atemlos die Gangway hinauf, und wieder war es eine alte russische Maschine, nur diese war doppelt so groß, wie die, mit der ich gekommen war. Wieder gab es kyrillische Schrift und wieder niemanden, der mir erklärte, wo im Notfall die Schwimmwesten waren.

Ich nervte meinen Sitznachbarn, einen türkischen Mann in meinem Alter, mit meiner Flugangst und versuchte, dabei möglichst normal zu wirken.

Dann setzte sich das Flugzeug in Bewegung, und obwohl ich nun wusste, was mich erwartete, machte das die Sache nicht viel besser.

Nach über zwei Stunden nahm der Flieger bei schlechtem Wetter Landeanflug auf Düsseldorf. Er drehte noch ein, zwei verträumte Warteschleifen und setzte dann zum Sturzflug an wie ein Adler, der anderthalb Kilometer unter ihm eine Maus im Gestrüpp entdeckt. Ich schrie laut auf und verkrallte mich im Oberschenkel des Türken, der mich strafend ansah.

Es ging weiter abwärts. Ich verkeilte meinen Kopf zwischen meinen Knien, verschränkte schützend die Arme hinter dem Kopf und wimmerte.

Als die Maschine aufsetzte, machte sie drei große ruckartige Sprünge nach vorne, und mir kam es vor, als würde sie dabei in ihre Einzelteile zerspringen. Beim ersten Satz flogen die Handgepäckfächer über den Sitzen auf, beim zweiten schossen Gegenstände durch die geöffneten Luken in den Passagierraum, aber niemand wurde getroffen, und beim dritten Satz begannen die Kinder an Bord zu schreien. Dann stand die Maschine.

Eine Stewardess verabschiedete sich, sichtlich konsterniert, von ihren Passagieren und entschuldigte sich mit leichtem Witz in der Stimme für den »Flug mit Hindernissen«.

Es war ein Sonntagmorgen gegen zehn Uhr im späten Sommer, und niemand holte mich vom Flughafen ab. Ich hatte diesen Durchfall, kein Geld und einen ziemlichen Kater von der Nacht am Flughafen, und sah dementsprechend aus.

Trotzdem schaffte ich es, einen Mann, der am Flughafenausgang gerade in sein Auto stieg, dazu zu überreden, mich bis nach Essen mitzunehmen. Er setzte mich am Hauptbahnhof ab, und ich nahm, völlig am Ende meiner Kraft, die Linie 45 Richtung Frohnhausen.

Außer dem Sperrmüll, der auf die Straße gestellt werden musste, erwartete mich zu Hause ein Brief von der Universität Essen. Man teilte mir formlos mit, dass ich exmatrikuliert worden sei und deshalb die Bafögzahlungen mit Ablauf des Semesters eingestellt würden.

Ich hatte in Istanbul den Rückmeldetermin verpasst.

4. Kapitel

KEINE STÜTZE

Ein paar Wochen hielt ich es noch bei Veronika im Zimmer aus, aber dann entdeckte ich, dass es unter dem Dach eine kleine 40-Quadratmeter-Wohnung gab, und ich fragte Veronika, die das Haus zur Sanierung zusammen mit einer Freundin gekauft hatte, ob ich dort wohnen könnte. Die oberen Stockwerke gehörten Veronikas Freundin, und der Ehemann der Freundin bestand darauf, einen Mietvertrag zu machen, als er mich sah.

In den Kneipen, in denen ich nun jeden Abend herumhing, machte man mittlerweile Witze über mich. Nachts um drei torkelte ich nach Hause und hatte dort immer noch zwei, drei Flaschen Bier stehen, ohne die ich nicht ins Bett ging. Ich war dafür bekannt, dass ich wechselnd mit Typen aus den Kneipen herumzog. Ich schlief bei ihnen im Bett, oder sie schliefen bei mir, aber alles, was auf dem sexuellen Sektor ablief, waren die üblichen Fummeleien ab 2 Promille, wobei ich am nächsten Morgen kaum noch wusste, wie ich überhaupt vom Tresen nach Hause gekommen war.

Mustafa hatte mir verboten, zum Reisebüro zu kommen, doch ich war trotzdem noch ein paar Mal hingegangen. Seine Familie hatte mittlerweile Wind bekommen von dem, was sich zwischen uns abgespielt hatte, und seine Frau drohte nun mit ernsthaften Schwierigkeiten, falls er sich noch ein einziges Mal mit mir unterhalten würde.

Mustafa zweifelte sowieso mittlerweile an meinem Verstand, und eigentlich war ich auch froh, ihn los zu sein. Ich brachte ihm die Reisetasche mit dem Leder und Silberkrempel und stellte sie auf einem kleinen Schrank im Hinterzimmer ab. Er hatte den Kram ja schließlich bezahlt.

Nach einigen Wochen, in denen ich einfach im Bett geblieben war, bis die Bürozeiten endeten, beantragte ich schließlich doch Sozialhilfe. Conni hatte Erfahrung in diesen Dingen und erklärte mir, wie ich es anstellen musste. Man bezahlte mir die Miete und gab mir 520 DM monatlich zum Leben.

Den Winter verbrachte ich in der Dachwohnung in Veronikas Haus, das mit uralter Nachtspeicher-Heizung ausgestattet und schlecht isoliert war. Im Frühling forderten die Elektrizitätswerke eine Stromnachzahlung von 1000 DM, was für jemanden, der kaum weiß, wie er über die Runden kommen soll, genau so viel Geld ist wie der Erlös eines Sechsers im Lotto.

Ich steckte den Kopf in den Sand. Irgendwo lernte ich einen Typen kennen, der eine schlimme Neurodermitis hatte und Geige spielte. Er war starker Trinker und fuhr ziellos durch die Gegend. Wir taten uns zusammen. Der Geiger wollte nach München, ich nahm ein paar Sachen und ein paar Mark, ließ in der Wohnung unter dem Dach bei Veronika alles stehen und liegen und fuhr mit.

Per Anhalter erreichten wir München und übernachteten in einem Zelt, das der Geiger dabei hatte, mit anderen Pennern im englischen Garten. Wenn ich betrunken genug war, erzählte ich geheimnisvoll, dass ich Brustkrebs hätte, aber wenn am nächsten Morgen die Schmerzen zurückkehrten, weil der Alkoholspiegel sank wie das Meer bei Ebbe, war es mir unangenehm, und ich wollte nicht mehr darüber sprechen.

An einem Nachmittag machten wir Straßenmusik, und jedes Mal, wenn wir fünf Mark verdient hatten, kauften wir uns einen halben Liter Weißbier. Nach dem dritten Bier ging es mir sehr schlecht. In einer Kneipe, in der wir uns mit zwei Freunden des Geigers trafen, lief ich auf die Toilette und übergab mich. Ich konnte mich kaum noch aufrecht halten und setzte mich an einen Tisch. Alles drehte sich. Um das Schwindelgefühl zu lindern, verschränkte ich die Arme auf der Tischplatte und legte meinen Kopf darauf. Der Geiger meinte, dass die anderen Leute mich ansehen würden wie eine Pennerin, dann kam auch schon die Bedienung und wollte mich hinauswerfen. Einer der Freunde gab mir seinen Wohnungsschlüssel und meinte, ich solle mich in sein Zimmer legen und etwas ausruhen.

Ich ging allein zu dieser Wohnung, legte mich neben das Bett des jungen Mannes auf den Teppichboden und nahm meinen Schlafsack als Decke. Als ich aufwachte, kamen die anderen nach Hause. Der nette junge Mann, der mir einfach seine Wohnung überlassen hatte, fragte mich, ob es mir etwas besser ginge. Ich fühlte mich etwas besser, aber ich schämte mich auch.

Wir schliefen ein paar Nächte in der Wohnung, und die Freundin vom Geiger kam auch noch dazu.

Am darauf folgenden Freitag wollte ich mich mit Conni am Mindener Hauptbahnhof treffen. Sie hatte einen Typen kennen gelernt, der Bass in einer Band spielte. Für den Abend war ein Auftritt in einem Laden geplant, der sich mitten in der Wildnis befand und »Klimperkasten« hieß. Conni hatte eine Session für uns mit der Band organisiert, und weil ich Verabredungen manchmal einhielt, schlug ich dem Geiger und seiner Freundin, die ein kleines Auto hatte, vor, doch einfach mitzukommen, es würde bestimmt lustig werden.

93

Ich hatte Conni nicht erzählt, dass ich mit zwei anderen Leuten kommen würde, aber ob wir nun sieben oder neun Leute waren, spielte keine Rolle, und so fuhren wir in drei Autos in einem kleinen Konvoi über die Landstraßen.

Wie jeden Abend betrank ich mich und bekam von der Session, die ich im Anschluss an das Bandkonzert mit Conni spielte, nicht mehr viel mit. Dafür lag ich um drei Uhr morgens mit Hans, dem Besitzer der Kneipe, auf einem der vielen Sofas, die in dem riesigen Laden standen, und wollte partout nicht mehr weg. Gegen vier kam ich dann doch auf die Beine und schloss mich den anderen an, die schon längst startklar in den Autos saßen und ziemlich genervt waren.

Conni und ich hatten verabredet, zusammen mit der Band bei den Eltern des Bassisten zu übernachten, die ganz in der Nähe in einem schönen Einfamilienhaus wohnten.

Wir schliefen auf zwei Zimmer verteilt in den Betten und auf dem Boden, und am Morgen gab es ein großes Frühstück auf den weißen Gartenmöbeln der Eltern, die sehr unglücklich von einem zum anderen schauten, obwohl die Mutter uns sogar noch Marmelade und Kaffee servierte.

Die Mutter hatte etwas dagegen, dass wir das Badezimmer benutzten, und während das den anderen nichts auszumachen schien, fühlte ich mich ohne meine Maskerade sehr unwohl. Ich ertrug es nicht, so ungeschminkt und nüchtern mit jemandem am Tisch zu sitzen. Der Bassist sprach mich darauf an, dass ich so schlecht aussah, aber ich wich ihm aus und versank vor Scham im Boden.

Der Vater ließ schon anklingen, dass er uns nur dulden würde und froh wäre, wenn wir endlich wieder abzogen.

Er ermahnte seinen Sohn auch, dass es bei dem geringsten Drogenkonsum Ärger hageln würde.

Nach dem Frühstück verzogen wir uns wieder auf die Zimmer, veranstalteten mit den vorhandenen Instrumenten eine schräge Session, und die meisten der Anwesenden zogen gierig an den Joints, die alle zehn Minuten herumgereicht wurden.

Gegen Nachmittag steckte der Vater den Kopf ins Zimmer und gab bekannt, nachdem er uns noch ein- oder zweimal gewarnt hatte, dass wir innerhalb der nächsten zehn Minuten das Haus zu verlassen hätten.

In der Hektik vergaß ich den Tonabnehmer meiner Gitarre, den ich dem Geiger kurz geliehen hatte und den ich nie wieder sah. Er hatte mich fast 100 Mark gekostet.

Mit dem Geiger, seiner Freundin und Conni fuhr ich nach Essen zurück.

* * *

Von da an besuchte ich den »Klimperkasten« in unregelmäßigen Abständen. Dort gab es Flaschenbier in rauen Mengen, und nach einer gewissen Uhrzeit spendierte Hans auch gerne Schnaps. Es war ein echter Freak-Schuppen: Leute, die auf mittelalterlichen Märkten Kunsthandwerk verkauften, tranken bei Hans am Tresen aus ausgehöhlten Kuhhörnern Bier und trugen dabei Westen aus ungewaschener Schafswolle. Die Männer hatten alle lange Haare, und viele Frauen gab es nicht. Draußen vor dem Eingang stand ein Eisenfass, in dem wir abends Feuer machten.

Ich übernachtete dann bei Hans, und manchmal blieb ich ein, zwei Wochen. Ich malte mir aus, dass ich vielleicht bei ihm leben könnte, aber ich wusste, dass das Quatsch war.

Einmal nahm mich Hans mit zu seiner Schwester. Als sie mich sah, rief sie entsetzt: »Wo hast du denn die ausgegraben?«

Weil Hans so viel Bier und Schnaps spendierte, war er bald pleite, und sie stellten ihm den Strom ab. Er lieh sich einen Generator, der mit Benzin lief, und betrieb so stundenweise die nötigste Versorgung für die Kneipe. Dann gab der Generator den Geist auf, und die Telefongesellschaft sperrte ihm auch den Anschluss.

Ich fuhr trotzdem immer wieder hin, gab das wenige Geld, das ich hatte, für die Bahnfahrkarten aus und lernte in der Kneipe noch andere Jungs kennen, mit denen ich dann wochenlang umherzog. Von München bis Hamburg und wieder zurück.

* * *

Anstatt mit dem Geld vom Sozialamt meine Miete zu bezahlen, kaufte ich mir in einem An- und Verkaufsladen eine knallrote E-Gitarre für 320 DM und klimperte zu Hause darauf herum.

Jetzt hatte ich zum ersten Mal Mietschulden.

Über einen Kumpel im Kalei lernt ich Rainer kennen, der in einem Schrebergarten am Rande der Stadt in einem Zirkuswagen wohnte. Sein Lebensstil imponierte mir, und ich besuchte ihn immer öfter. Dann bändelte ich mit ihm an und blieb auch über Nacht dort, als ob mir schon das Grundstück gehören würde.

Rainer war latent aggressiv, hatte sich aber einigermaßen unter Kontrolle. Er arbeitete immer ein paar Wochen am Stück für eine Firma, die Industrieanlagen säuberte, und es waren miese, gefährliche, aber gut bezahlte Jobs. Rainer kletterte, mit einem Stahlseil gesichert, mit seinen

Arbeitskollegen an den Innenseiten von Industrieschloten hoch und reinigte diese von giftigen Schwermetallen und sonstigem Dreck.

Neben seinem großen Wagen stand ein kleinerer, den Rainer als Werkstatt nutzte und auf den ich ein Auge geworfen hatte.

Da die Schmerzen in meiner Brust nun in die ganze rechte Körperhälfte hinein zogen, den Arm hinunter, war ich überzeugt davon, innerhalb der nächsten Wochen oder Monate daran zu sterben. Deshalb hatte ich mir in den Kopf gesetzt, zu Rainer in den kleinen Bauwagen zu ziehen, um dort in Ruhe ins Gras zu beißen.

Rainer, dem ich von meinen Schmerzen nichts erzählte, gefiel meine Absicht nicht. Schon viele Partygäste hätten die Idee gehabt, zu ihm zu ziehen, aber er hätte es nie erlaubt, weil er den Garten lieber für sich alleine haben wollte. Er fand es okay, wenn ich ihn besuchte, aber ich sollte gefälligst meine Wohnung behalten.

Inzwischen hatte ich schon die zweite oder dritte Miete nicht bezahlt, sondern verjubelt, und so setzte ich alles daran, um meinen Plan, in den Bauwagen zu ziehen, in die Tat umzusetzen.

* * *

Conni und ich klimperten weiter herum und traten ab und zu in einem evangelischen Jugendheim auf, das ich schon länger kannte. Ein paar Leute fanden uns ganz toll, aber die meisten fanden uns langweilig, weil wir so introvertiert waren und die Auftritte mehr aneinander gereihten Improvisationen glichen als einer durchdachten Bühnenshow. Wenn uns jemand Fotos von einem Auftritt zeigte, erschraken wir darüber, wie unprofessionell wir aussahen, und nahmen uns dann vor, dieses und jenes an unseren Auftritten zu verbessern. Wir probten trotzdem nie vernünftig. Ich war dauernd unterwegs und im Grunde gar nicht ansprechbar – Conni hatte mit ihren tollen Jazzkollegen und den Vorbereitungen für ihre Aufnahmeprüfung auch genug zu tun.

Die Auftritte, die wir machten, vermittelte uns Walter, der 35jährige Pfarrer, der das Jugendheim betreute. Ich hatte ihn während meiner Schulzeit kennen gelernt und war damals regelmäßig zu einer Bibelgruppe gegangen, die sich montags traf, um die Bibel »von unten zu lesen«, wie Walter das nannte. Man kannte mich dort jetzt schon seit über fünf Jahren, und besonders gesund hatte ich in dieser Zeit nie ausgesehen, aber mittlerweile war ich doch recht heruntergekommen.

Walter hatte die Bibelgruppe an einem seiner ersten Arbeitstage in seiner Gemeinde ins Leben gerufen und hielt sie seitdem zusammen.

1989, kurz nach dem Abi, war ich für eine andere Teilnehmerin aus der Gruppe, die kurzfristig erkrankt war, eingesprungen und hatte mich bereit erklärt, mit Walter ehrenamtlich eine Jugendfreizeit zu betreuen. Ich war damals schon lange in Walter verliebt und nahm an der Bibelgruppe eigentlich nur wegen ihm teil. So freute ich mich über diese Gelegenheit, ein Wochenende mit ihm zu verbringen. Ich hatte immer davon geträumt, ihm einmal näher zu sein als an diesen Bibel-Abenden, hatte aber niemals wirklich daran geglaubt, in diese Lage zu kommen. Auf dieser ersten gemeinsamen Freizeit 1989 hatte mich Walter während eines Gruppenspiels mit den Jugendlichen von hinten umarmt, weil es das Spiel verlangte, und dabei »zufällig« meine linke Brust umklammert. Dann hatte er bei einem Spaziergang am Rhein meine Hand genommen. Mein Magen fuhr Achterbahn, ich glaubte mich am Ziel meiner

Träume, doch Walter gab sich den Gelüsten nicht hin, sondern hatte sich, kurz bevor wirklich etwas passierte, wieder im Griff.

Noch während wir am Sonntag nach Hause fuhren, begann er damit, sich von mir zu distanzieren und wies jede Annäherung meines in Flammen stehenden Herzens zurück. Er tat dieses hartnäckig über die nächsten Jahre hinweg.

Ich war deswegen sehr verletzt und versuchte immer wieder, ihm nahe zu kommen, und auch sein Gerede, dass er von mir Abstand nehmen würde, um unsere Freundschaft nicht zu zerstören, konnte meine tiefe Wunde nicht heilen.

Stattdessen bekam ich von seiner Frau das Gutachten für den Fachrichtungswechsel und von Walter ein paar Auftritte, während derer die Kirchenangestellten, für die wir spielten, unablässig über ihre Arbeit redeten.

An diesem Montag nahm ich das erste Mal seit langem wieder an der Bibelgruppe teil und gab vor den Mitgliedern, die mit den Jahren allesamt gewechselt hatten, damit an, zur »ersten Stunde der Bibelgruppe« zu gehören und »Gründungsmitglied« zu sein. Das stimmte zwar, aber den anderen war dieses Gerede unangenehm, weil es für sie etwas war, mit dem sie nichts zu tun hatten.

Eine der neueren Teilnehmerinnen war eine sehr dicke Frau, die mich an einen Hamster erinnerte und immer sehr gestelzt daherredete.

Ich nahm sie nicht ernst, weil ich selbst übergewichtig war und viel blödes Zeug von mir gab, und so machte ich mich immer ein bisschen über sie lustig, obwohl ich dazu nicht den geringsten Grund hatte.

An diesem Montag posaunte ich herum, dass ich jetzt in einen Bauwagen ziehen würde, dass ich aber trotzdem noch ein, zwei Monate vom Sozialamt Mietgeld kassieren wolle, damit ich über die Runden käme.

Wir diskutierten darüber, ob es okay sei, das Sozialamt um zwei Monatsmieten von 350 DM zu betrügen, und ich fand die Hamsterfrau spießig, denn sie sagte immer, dass sie das nicht okay fände.

Sie schien mir eifersüchtig zu sein, weil zwischen Walter und mir eine enge Beziehung bestand und sie, so glaubte ich damals, auch in Walter verliebt war.

Es machte mir Spaß zu demonstrieren, wie nahe ich dem Pfarrer stand, was auf der einen Seite stimmte, auf der anderen aber auch nicht.

Ein paar Tage später bekam ich Post von der Stadtverwaltung, die mir formlos mitteilte, dass die Zahlungen vom Amt nun, da ich in den Bauwagen einzog, eingestellt werden würden. Sie wussten sogar meinen Umzugstermin. Ich glaubte nicht, was da schwarz auf weiß stand. Wieder und wieder las ich den Brief. Es war unmöglich. Woher wussten sie, dass ich in den Bauwagen ziehen würde?

Ich ging zu meiner Sachbearbeiterin im Büro W-Z und pokerte mit Halbwahrheiten herum, um herauszufinden, wie viel sie wusste. Sie tat irgendwie geheimnisvoll, und ich erklärte immer wieder, dass das gar nicht stimmen würde mit dem Bauwagen und dass sie keine Beweise für ihre Behauptungen hätten.

Dann wurde schräg hinter mir die Tür zum Flur geöffnet, und jemand ging an mir vorbei, bevor er sich an den Schreibtisch im Büro nebenan setzte.

Ich traute meinen Augen nicht. Ich wusste wohl, dass ich die füllige Person, die da gerade an mir vorbeischlich und die sich als Angestellte des öffentlichen Dienstes entpuppte, von irgendwoher kannte, aber ich war so überrascht, dass ich die Fakten nicht sofort zusammenbrachte.

Es dauerte etwas, bis ich schaltete: Die Hamsterfrau saß als Sachbearbeiterin im Büro P-V und hatte mich bei ihren Kollegen verpfiffen!

Ich motzte herum, dass das ja wohl das allerletzte sei, »private Informationen auszuplaudern«, aber die Hamsterfrau antwortete trocken, dass sie Beamtin sei und sich strafbar machen würde, wenn sie Betrugsversuche, von denen sie wüsste, verschweigt.

Ich steckte wirklich in der Scheiße.

Ich wandte mich meiner Sachbearbeiterin zu und meinte, dass sie Gerüchte, die in die Welt gesetzt wurden, um Leute, die ohnehin schon im Dreck liegen, noch weiter zu diskriminieren, gefälligst erst mal überprüfen sollte, bevor sie irgendwelche Zahlungen einstellte. Es ginge schließlich nicht an, jemandem einfach so den Geldhahn zuzudrehen, nur weil irgendjemand anderes behauptete, dass man in einen Bauwagen zöge.

Es nützte nichts.

Sie blieben bei ihrer Version, die den Nagel auf den Kopf traf, und bevor ich auch noch des Betruges bezichtigt wurde, gab ich lieber nach.

Ich trat auf die Straße und war in Wirklichkeit überhaupt nicht wütend, sondern maßlos erschreckt. In Mark und Bein fuhr es mir, weil ich spürte, dass es nicht die Gesellschaft war, auf die ich schimpfte, die mich ablehnte und zerstörte.

In Wahrheit zerstörte ich mich selbst und grub mir mit allem, was ich tat, das Wasser ab.

Von nun an war das Sozialamt in der Innenstadt für mich zuständig, denn ich galt vor dem Gesetzgeber als eine Person »ohne festen Wohnsitz«.

_____ 5. Kapitel _____

SCHREBERGARTEN

Nach einer unserer zahllosen durchsoffenen und durch-
kifften Nächte erlaubte mir Rainer tatsächlich, in den
kleinen Bauwagen zu ziehen. Er warf mir ein paar Hundertmarkscheine in den Schoß und sagte, »steck das in den kleinen Wagen«, und dann war er für 14 Tage verschwunden.

Der Hund Arra blieb bei mir, und ich begann, alles, was
sich in dem Bauwagen befand, herauszuholen. Es war eine
ganze Menge Zeug, denn Rainer sammelte Tonnen von
Material mit dem Anhänger seines Mofas, für den Fall,
dass man irgendwann einmal etwas davon gebrauchen
könnte. Ich schaffte alles raus, bis der Wagen ganz leer
war, und riss dann die Kunststoffverkleidung von den inneren Wänden, bis nur noch das Holz übrig war.

Ab und an kamen Kumpel von Rainer vorbei, die sich
nach ihm erkundigen wollten, und sie schauten sehr skeptisch, als ich ihnen sagte, ich würde in den kleinen Wagen
ziehen und ihn deswegen ausbauen.

Als Rainer zurückkehrte, hatte ich es mir gemütlich gemacht.

Es war Hochsommer, und ich verstand mich gut mit
Arra, dem Hund. In die hintere Ecke des Wagens hatte ich
eine Art Plateau gebaut, auf dem meine Matratze lag, und
allen Widrigkeiten zum Trotz schlief ich in meinem ganzen
Leben nicht so gut wie in diesem Bauwagen.

Rainer half mir mit seinem Mofaanhänger, ein paar Sachen aus der Dachwohnung bei Veronika abzuholen, und fing dann an, an dem Bauwagen herumzuschrauben. Er isolierte ihn für den nahenden Winter mit Dämmwolle und verkleidete die Dämmwolle mit Holzpaneelen. Weil ich das Geld für den Bauwagen dem Geiger geliehen hatte, bezahlte Rainer das neue Material.

Die Dachwohnung verließ ich, ohne mich von Veronika zu verabschieden und ohne die drei Monatsmieten, die ich ihr schuldete, zu bezahlen. Auch die Stromnachzahlung, die auf die Rechnung von Veronikas Freundin ging, beglich ich nicht.

Die Stadtsparkasse, bei der ich mittlerweile mit 1000 DM in der Kreide stand, sperrte mir nun das Konto, weil sie keine Einzahlungen mehr verbuchen konnten.

Beim Einwohnermeldeamt nannte ich die Wohnung eines Kollegen, zu dem ich schon jahrelang keinen Kontakt mehr hatte, und fälschte seine Unterschrift.

Wohin meine Post ging, war mir egal. Ich hatte kein Telefon mehr und auch kein fließendes warmes Wasser. Es gab zwar welches von dem Tank, der auf einem Hügel eingegraben war und der durch das Gefälle Wasser aus dem Hahn schob, aber zum Waschen musste ich es in einem Topf zum Kochen bringen.

Strom gab es aus der Minisolaranlage, die Rainer auf seinem Bauwagendach installiert hatte. Zwei Autobatterien, die in einem Holzverschlag unter Rainers Wagen angebracht waren, speicherten die Energie.

Langsam ging alles den Bach runter.

Rainer meckerte mich dauernd an, weil ich mehr für den gemeinsamen »Haushalt« zu tun hatte, als ich tat, und ich sollte auch nicht so viel Geld in Kneipen ausgeben, sondern lieber mal einkaufen gehen.

Ich guckte mir jede Nacht Raumschiff Enterprise auf Rainers 12 Volt Camping Fernseher an und schlief dabei ein, ohne das Gerät auszuschalten. Rainer sprach mich ein paar Mal darauf an, weil mein Verhalten die Solaranlage ruinierte, aber ich ignorierte es. Dann gab die erste Batterie den Geist auf. Kurz darauf flog der Fernseher durch den Garten.

Es wurde wirklich ungemütlich.

Es war das Jahr, in dem Peter Gabriel seine »Secret World Tour« spielte, und im Radio konnte man an einem Gewinnspiel teilnehmen: Man musste ab acht Uhr morgens anrufen und einen Song von Peter Gabriel singen. Zur Belohnung bekam man an sieben Tagen hintereinander einen Backstage-Pass für das Konzert in Dortmund, das ich unbedingt sehen wollte.

Ich schaffte es sieben Tage hintereinander nicht, zur Telefonzelle an der Straßenecke zu gehen und einen Peter Gabriel Song vorzusingen, und bekam keinen Backstage-Pass.

Jemanden, den ich von früher kannte, überredete ich, mir eine Karte mitzubesorgen, wenn er für sich eine kaufte. Wir gingen zusammen zum Konzert, aber das Geld für die Karte gab ich ihm nie zurück. Er hatte früher einmal an mir herumgefummelt, und so fand ich es gerecht, dass er die 50 Mark ausgegeben hatte und sie nicht wieder bekam. Ich sagte mir, dass er mir die Karte zum Geburtstag geschenkt hätte, denn in wenigen Tagen wurde ich 23 Jahre alt.

Beim Konzert flippte ich vor Begeisterung völlig aus. Ich stand in der ersten Reihe und hatte jahrelang auf diesen Moment gewartet: Peter Gabriel, meine Hoffnung auf Rettung, stand vor mir, und er war real.

Ich brauchte ein paar Tage, um von dem Schub des Konzertes wieder herunterzukommen, und die Leere danach war trostlos. Meine musikalischen Aktivitäten beschränkten sich auf das besoffene Tanzen im Kalei, auf dem bedröhnten Geklimpere mit den Jungs aus der Bauwagen Clique und den unprofessionellen Konzerten, die ich mit Conni über die Bühne brachte. Es war eine in jeder nur erdenklichen Hinsicht ausweglose Situation.

Das Einzige, was ich zustande brachte, waren kleine bunte Mobiles, die ich aus den Schrotteilen baute, die in Rainers Garten herumlagen. Ich hängte sie in die Bäume oder stellte sie auf Füße. Sie bewegten sich leise im Wind.

Die Spannung zwischen Rainer und mir wuchs täglich. Nachdem ich erst mit seinem besten Freund im Bett gelandet war und dann nach einem Besuch im Kalei auch noch einen anderen Typen über Nacht auf das Grundstück mitbrachte, rastete Rainer schließlich aus. Die Holztür vom Bauwagen flog auf und knallte gegen die Wand. Nach einem Handgemenge legte mir Rainer nahe, »bevor etwas Schlimmes passiert«, sofort und für immer sein Grundstück zu verlassen. Um zu zeigen, dass er es ernst meinte, fuchtelte er mit einem Kasten voller Wasserflaschen bedrohlich nahe an meinem Kopf herum.

Ich tat vor lauter Schreck noch arroganter als sonst, und Rainer entgegnete darauf, dass meine ganzen Sachen im Feuer landen würden, wenn ich bis 12 Uhr mittags nicht spurlos verschwunden sei.

Es war halb elf.

Zitternd zog ich mich an und hetzte zur Telefonzelle an der Straßenecke, an der der Bus hielt und die zu Fuß etwa zehn Minuten von dem Schrebergarten entfernt lag. Zuerst rief ich jemanden aus dem Kalei an, der einen großen grünen Mercedes besaß, und fragte ihn, ob er mir helfen könne. Er merkte an meiner Stimme, wie ernst es mir war, und setzte sich sofort in Bewegung, obwohl er ziemlich weit

105

entfernt wohnte und schon oft für mich durch die Gegend gefahren war.

Dann rief ich meine Mutter an und nannte meinen Namen. Doch ich bekam einen Weinanfall und legte wieder auf. Ich versuchte, mich unter Kontrolle zu bringen, wählte die Nummer ein zweites Mal und fragte, ob ich für kurze Zeit zu ihr ziehen könnte.

Mutter tat gelassen und unbeeindruckt, und im ersten Moment war ich froh, dass sie so locker geblieben war, obwohl ich geweint und aufgelegt hatte.

Während ich meine Sachen in die Kartons packte, die noch unter dem Bett standen, kam Rainer herüber und erklärte, dass mein Holzschrank dableiben würde, weil ich ihm noch 350 DM schuldete. Den Holzschrank hatte ich selbst abgeschliffen und zurechtgemacht, und er war an dem Tag, an dem mein Vater gestorben war, fertig geworden.

Ich ließ den Schrank zurück.

Arra, der Hund, saß belämmert hinter dem grünen Gartentor, das immer ein Klingelzeichen von sich gab, wenn man die Klinke hinunter drückte, damit man im Wagen wusste, dass jemand kommt. Ich hatte Arra einmal mit in den Klimperkasten genommen, und er war so froh gewesen, etwas anderes zu sehen.

Ich steckte zwei Finger durch die Gitterstäbe und berührte zum Abschied kurz sein Fell.

Als ich dem Schrebergarten den Rücken kehrte, hörte ich durch Rainers geschlossene Wagentür, dass die Zwölf-Uhr-Nachrichten im Radio gerade begannen.

_____ 6. Kapitel _____

GANZ UNTEN

Der Freund mit dem grünen Mercedes war ziemlich geschockt über meinen Zustand, obwohl er mich schon einige Monate so herumirren sah, und gab mir den Rat, mehr Vitamine zu mir zu nehmen.

Alle meine Sachen passten in das Auto, und so fuhren wir ans andere Ende der Stadt: zurück in die Straße, in der mein Leben begonnen hatte.

Als wir ankamen, lugte meine Mutter schon angestrengt über die Gardine nach draußen. Ihre Gelassenheit war einer großen Ratlosigkeit und Verzweiflung gewichen.

Ich zog in mein altes Zimmer und stellte meine Sachen in die Regale, die Mutter inzwischen neu gekauft hatte. Mutters Sachen schob ich achtlos zur Seite oder stopfte sie in die Schubladen. Alles war so fremd hier.

Ich schlief in dem Gästebett, das auch neu war, und Mutter schimpfte, weil ich die ganze Nacht vor dem Fernseher hing. Sie müsse den ganzen Strom, den ich damit verbrauchte, schließlich bezahlen.

Ich hielt es in meinem alten Kinderzimmer nicht lange aus. In Frohnhausen traf ich mich mit den Leuten aus dem »Ego«, schlief bei ihnen auf der Couch und fragte, ob sie ein Bier für mich hätten.

Dann sollte das Haus, in dem Conni wohnte, abgerissen werden, und die WG löste sich auf. Conni schlug mir vor, bis zum Abriss zu ihr zu ziehen, wenn ich ein bisschen

107

Geld für die Miete übrig hätte. Ich sagte okay, obwohl ich wusste, dass ich nicht genug Geld hatte.

Ich suchte mir das Zimmer aus, das am weitesten von der Etage entfernt lag, in der Conni und die anderen beiden noch wohnten.

Zu Anfang arbeitete ich noch im Kfz-Betrieb von »Rappel«, der die Haus-WG vor zehn Jahren gegründet und das Zimmer auf gleicher Etage wie Conni hatte. Ich putzte einmal in der Woche die Betriebsräume, die Küche und das Männerklo und arbeitete so die Miete von 350 DM im Monat ab. Es war inzwischen tiefster Winter, und ich heizte mit Briketts aus dem Kohlenkeller, die ich nicht bezahlt hatte.

Conni hatte ihr Jahr »Arbeit statt Sozialhilfe« hinter sich und ein Jahr Zeit, um sich auf die Aufnahmeprüfung für das Musikstudium vorzubereiten. Unsere Beziehung hatte sich sehr verändert.

Zu Anfang unserer Freundschaft waren wir noch oft auf ihrem kleinen Moped zusammen durch die Gegend gedüst, ich mit meiner Gitarre und sie mit dem Saxofonkoffer, und zwischen ihren Rücken und meinen Bauch klemmten wir noch die große afrikanische Djembé-Trommel, die Conni gehörte. Wir fuhren herum, und ob man uns mochte oder nicht, darüber stritten sich die Geister.

Jetzt hatte man Conni das Moped geklaut. Wir hingen in diesem einsamen alten Kasten herum und machten uns gegenseitig noch kränker, als wir es ohnehin schon waren.

Ich schlich, immer bedacht, meine Verletzungen zu verdecken, durch das riesige Haus, woraufhin Conni in mein Zimmer stapfte und mich beschimpfte, dass ich immer nur nehmen, nichts geben würde und die dekadenteste Person sei, die ihr je begegnet ist.

Ich lag in meinem Bett und war unfähig zu antworten.

Ich fühlte, dass sie irgendwie Recht hatte, aber ich fühlte

auch, dass sie Unrecht hatte. Am Tag zuvor hatte ich ihr noch Tee und Honig aus der Apotheke mitgebracht, damit sie ihre Erkältung endlich loswurde. Das zählte nicht. Wie so oft zählte für Conni nur das Negative, und das war in dieser Phase meines Lebens im Überfluss vorhanden.

Ich suchte mir noch andere Jobs, um mich irgendwie über Wasser zu halten. Zuerst putzte ich als Hausmädchen bei einer wirklich merkwürdigen Familie, dann schabte ich in einem Hotel das alte Fett aus den Dunstabzugshauben und bekam dafür zehn Mark die Stunde.

Ein paar Wochen hielt ich es aus, aber dann ging ich nicht mehr hin und war bankrott.

Ich nahm mir heimlich Lebensmittel aus dem gemeinsamen Kühlschrank und »lieh« mir von Conni Kleidungsstücke, die ich nicht zurückbrachte.

Ich war zum Schmarotzer verkommen.

Wieder floh ich.

Ich hatte jemanden kennen gelernt, der Karl hieß und der ein Zimmer unter dem Dach zu vermieten hatte, das zu seiner Wohnung gehörte, die sich im ersten Stock befand.

Conni ließ ich in dem halb ausgeräumten Haus in Burgaltendorf sitzen. Sie war wütend, weil ich einfach abgehauen war, ohne zu sagen, wo ich hinging, und ohne die 350 Mark Miete zu bezahlen. Außerdem musste sie das ungespülte Geschirr, das sich vor meinem Zimmer stapelte, wegräumen, bevor der Abrisshammer kam.

Karl war ein kleiner, dünner Mann, und es ging das Gerücht um, dass er heroinabhängig sei. Er sah zwar so aus, aber er behauptete, Magenkrebs im Endstadium zu haben und deswegen bald wieder ins Krankenhaus zu müssen. Seine Tage verbrachte er auf dem Sofa liegend vor dem Fernseher, nur manchmal ging er abends raus, um ein paar Kumpel zu besuchen.

Karl verlangte 50 Mark im Monat für das Zimmer. Er sagte: »Das Einzige, was ich nicht will, ist, dass du Typen mit nach Hause bringst, mit denen du dann laut im Bett bist.« Ich sagte »okay«, und wir machten aus, dass ich einen Schlüssel für die untere Wohnung bekäme, damit ich zur Toilette gehen könnte, denn das Zimmer war wirklich nur ein Zimmer und weiter nichts.

Darin lagen noch Habseligkeiten von demjenigen, der vor mir da gewohnt hatte. Karl packte den Krempel in zwei Kartons und stellte sie in eine Ecke, für den Fall, dass mein Vormieter noch einmal auftauchen sollte.

Ich rief meinen Kumpel Kurt aus dem Klimperkasten an, zu dem ich eine Pseudobeziehung unterhielt, die mich sehr abstieß, und bat ihn, mit mir zusammen meine Sachen aus der Haus-WG zu holen. So fuhren wir, als ich wusste, dass niemand in dem Haus sein würde, dorthin und packten meine vier Kartons ins Auto. Wir brachten sie zu meiner neuen Bleibe bei Karl, und als dieser sah, dass ich mit »meinem Freund« ankam, schlug seine vorgeschobene Gastfreundlichkeit sehr schnell in Misstrauen und Ablehnung um, was er jedoch zu überspielen versuchte.

Wir tranken ein paar Bier: Karl, mein Freund und ich, und als wir richtig voll waren, ging ich mit meinem »Freund«, den ich mir sonst mit allen möglichen Manövern versuchte, vom Leib zu halten, nach oben in mein Zimmer.

Ich tat so, als hätten wir tollen Sex, und stöhnte laut herum, was Karl in der Wohnung darunter natürlich hörte.

Er war sehr verärgert deswegen.

Nach zwei, drei Tagen verließ mich mein Freund, und ich war mit Karl allein. Ich saß oft bei ihm am Sofa auf dem Fußboden und guckte mit ihm Fernsehen. Im Radio lief »Katzeklo« von Helge Schneider. Ich soff seinen billigen

110

Rotwein weg und bezahlte auch keine 50 Mark, und Karl wurde langsam sauer.

Ein paar Mal sagte er, dass ich mich wirklich gegen jede Abmachung verhielte und dass ihm das auf die Nerven ginge.

Einmal spielte ich Karl auf meiner Gitarre etwas vor, als wir uns, beide sehr angetrunken, am Samstagabend zufällig in seiner Wohnung trafen.

Karls Kritik war vernichtend. Er meinte, dass meine Stimme irgendwie gekünstelt wirke und gar nicht zu mir gehöre. Ich würde den Leuten mit meinem Singen versuchen, etwas vorzulügen, indem ich meine an sich hässliche Identität mit einem antrainierten, vordergründigen Gesang verdecken würde, von dem die Leute angezogen würden wie die Fliegen vom Licht.

Karl besaß kein Badezimmer, sondern eine Küche mit Badewanne. Wenn ich duschen wollte, musste ich eine Metalljalousie herunterlassen, denn die Küche hatte keine richtige Tür. Ich ging beschämt duschen mit meiner zerstörten Haut und hatte die ganze Zeit das Gefühl, dass Karl mich von seinem Sofa aus durch die Schlitze in der Jalousie beobachtete. Bevor ich dann aus der Küche ging, versuchte ich, meine zerkratzte und entzündete Haut wieder mit Makeup zu überdecken, was Ewigkeiten dauerte und völlig sinnlos war.

Während ich allen Menschen gegenüber so tat, als sei mit mir alles in Ordnung, glaubte ich inzwischen, nicht nur geschlechts- und krebskrank zu sein, sondern auch noch eine höchst ansteckende Hautkrankheit zu haben.

Mir war auch zu Ohren gekommen, dass andere Leute den Kontakt zu mir mieden, weil ich so aussah und sie dachten, ich würde sie mit irgendetwas anstecken.

Ich fügte mir weiter schlimmste Verletzungen zu. Ich

benutzte dazu sogar eine Nagelschere und verarztete die blutenden Schnitte mit Toilettenpapier, dann warf Karl mich hinaus mit den Worten: Guck dich doch mal an, wie du aussiehst!

Ich weinte und schrie mehrere Stunden in meinem Zimmer. Als die Sonne aufging, packte ich die nötigsten Sachen, unter denen sich auch ein geliehener Roland-Drum-Computer befand, und trat hinaus in den kalten Wintermorgen. Das Toilettenpapier klebte in den schmerzenden Wunden.

Über zwei Kreuzungen ging ich an der Telefonzelle vorbei, dann bog ich rechts ab in eine Straße, in der ein »guter Bekannter« in der Wohnung direkt über dem Hof wohnte.

Seitdem ich im »Ego« verkehrte, hatte ich schon oft, immer volltrunken, bei Claus geschlafen. Claus umklammerte mich von hinten, wenn ich schlief, und mich ekelten die Berührungen, aber ich wusste auch nicht, wohin ich sonst sollte.

Ich schellte bei ihm und fragte ihn völlig aufgelöst, ob ich eine Zeit lang bei ihm bleiben dürfte.

Ich durfte bei Claus bleiben, und da ich schon lange die war, die er glaubte zu lieben, freute er sich, dass ich endlich so arm dran war, dass ich zu ihm kam. Mit dem Drumcomputer in der einen Hand, meiner Umhängetasche mit meinen Sachen in der anderen, trat ich in die Wohnung.

Sie war ein einziger Müllhaufen.

Vom Badezimmer angefangen bis hin zum kleinen Abstellraum im Treppenhaus herrschte ein Chaos, das man unmöglich unter Kontrolle bringen konnte. Ungespültes Geschirr stapelte sich auf den verstaubten Küchenmöbeln, im Kühlschrank lagen Haare vom lauskranken Hund Tina, und die Zimmerpflanze, die vor fünf Jahren auf der Schlafzimmerfensterbank vertrocknet war, stand immer noch dort. Um den Kühlschrank herum tummelten sich leere Flaschen wie bei einer Montagsdemonstration, und der Altpapierstapel im Flur reichte mir bis zur Hüfte.

Ein paar Wochen schlief ich auf dem braunen Kunstledersofa im Wohnzimmer. Wenn Claus voll bis zum Rand aus dem »Ego« kam, und das tat er jeden Abend, setzte er sich in den großen Ledersessel vom Sperrmüll und schlief irgendwann beim Fernsehen ein. Dann wachte er in den frühen Morgenstunden auf, zog sich die verräucherten Klamotten aus und ging ins Bett.

Claus hatte so seine eigene Logik. Er war der festen Überzeugung, auf einem gerechten Weg zu sein; er glaubte, dass er zu intelligent sei, um an einer Psychotherapie teilzunehmen, (ein Arzt hätte ihm das bescheinigt), und dass Hühnerfrikassee nur von einem ganz bestimmten Supermarkt schmecken würde. Ein Supermarkt, in den er normalerweise keinen Fuß setzte, weil er angeblich viel zu teuer sei.

So war Claus. Er kochte Hühnerfrikassee für uns, indem er zwei Kochbeutel Uncle Ben's Rice und die tiefgefrorene, steinharte Plastikpackung für zwanzig Minuten in kochendes Wasser warf. Dazu gab es Zitronenlimonade aus dem Kühlschrank.

Doch er besaß auch die beste Plattensammlung, die ich kannte, und die Liebe zur Musik, die selbst unter der hoffnungslosesten Fassade unverfälscht daher plätschern kann wie ein klarer Bach, war das Stärkste, was uns neben unserer Krankheit verband. Claus hatte alles von Tom Petty über Billy Joel, Genesis und Pink Floyd. Stapel von LPs, die ungeordnet auf dem Boden neben dem Sofa herumstanden. Er war der Ansicht, dass so eine Unordnung ideal sei, um immer andere Platten zu hören, weil man nie weiß, welche gerade vorne im Stapel steht.

113

Neben seiner Kleidung und den täglich aufzufüllenden Weinbeständen, den Büchern, die er sonntagmorgens im Bett las – am liebsten John Irving –, dem *Spiegel,* den er sich jede Woche kaufte, um ihn dann auf den Stapel neben der Wohnungstür zu legen, war diese Plattensammlung das Einzige, um das sich Claus in seinem Leben kümmerte.

Und nun hatte er auch noch mich und konnte sich um mich kümmern.

Zuerst war ich froh, dass ich eine Bleibe hatte. 14 Tage lang schlief ich sehr viel. Aber dann wurde mir Claus' Aufmerksamkeit und Fürsorge allmählich unangenehm. Er behandelte mich, als sei ich seine feste Freundin, was ich ja gar nicht war. Ich lebte von seinem Geld, und das war für ihn Grund genug anzunehmen, er hätte Ansprüche an mich. Abends zogen wir durch die Kneipen und spielten Billard, ab und zu gingen wir auch ins Kino, aber immer nur in die Nachmittagsvorstellung, denn ab 18 Uhr musste Claus trinken, und er machte aus seinem Säufertum auch nicht den geringsten Hehl.

Viermal hatte er bereits mit einer lebensgefährlichen Pankreatitis auf der Intensivstation gelegen. Jedes Mal hatten ihn die Ärzte ermahnt, dass er bei der nächsten Bauchspeicheldrüsenentzündung das Zeitliche segnen würde und er deshalb unter keinen Umständen wieder anfangen sollte, Alkohol zu trinken.

Jedes Mal, während er im Krankenhaus lag, hatten seine Freunde aus der Clique seine verkommene Wohnung auf Vordermann gebracht, um ihm den Einstieg in ein Leben ohne Alkohol zu erleichtern. Sogar Blumen hatten sie ihm hingestellt.

Doch Claus versuchte erst gar nicht, die Ursachen seiner Erkrankung zu erkennen, sondern gab sich mit den üblichen Säuferargumenten seiner Krankheit hin. Das Leben sei einfach zu beschissen, als dass er es nüchtern ertragen

114

könnte. Einmal hielt er es drei Tage aus, dann ging er zur Pizzeria gegenüber und kaufte sich ein paar Flaschen Weißwein.

Es war eine spannungsreiche Zeit, in der ich oft Claus' Willkür und Aggression zu spüren bekam, auf die ich mit weiterem Rückzug in mich selbst reagierte. Ich tat nichts anderes mehr als trinken und fernsehen. Der Fernseher lief ununterbrochen, meistens guckte ich »Quincy« oder »Mord ist ihr Hobby«, und ich aß.

Ich hatte starkes Übergewicht und war 24 Stunden am Tag unzufrieden mit meinem Aussehen. Stundenlang stand ich vor dem Spiegel in der Diele und versuchte mir einzureden, dass ich nicht »so dick« sei, was aber nicht stimmte.

Nachdem ich ein paar Monate auf Claus' Sofa geschlafen und von seinem Geld gelebt hatte, überredete ich ihn, dass wir uns seine riesige Wohnung, die er ohnehin auf Dauer nicht selbstständig bezahlen konnte, teilen sollten. Er wollte erst nicht, weil er meinte, dass er zu versoffen wäre, als dass er mit jemandem zusammenwohnen könnte, und damit lag er genau richtig.

Aber es schien mir für mich selbst unmöglich, ein selbstständiges gesundes Leben zu führen, und so dachte ich, dass es einfacher wäre, in der Nähe von Claus zu existieren. Ich fühlte mich den Anforderungen des Lebens in keiner Weise gewachsen, nicht in gesundheitlicher, finanzieller oder emotionaler Hinsicht.

Ich trank mit Claus und den anderen aus unserer Kneipenclique um die Wette und träumte davon, dass ich eines Tages mit meiner Musik an die Öffentlichkeit gelangen würde. Ich war schon bekannt dafür, dass ich immer von »meiner Musik« redete, aber die Leute, mit denen ich zu tun hatten, nahmen mich nicht ernst, und ich hatte dauernd das Gefühl, dass man hinter meinem Rücken über mich herzog.

Claus hatte eine alte Gitarre, die seine Freundin Tamara, die vor Jahren das Weite gesucht hatte, vergessen hatte. Sie stand verstaubt im Wohnzimmer herum, seit zehn Jahren hatte niemand mehr die Saiten gewechselt. Manchmal, wenn niemand zu Hause war, nahm ich die alte Klampfe, die trotz allem einen sehr schönen Klang hatte, und klimperte darauf herum. Dann war ich glücklich.

Ich brauchte lange, um Claus dazu zu überreden, sein versifftes Wohnzimmer mit dem 15 Jahre alten braunen Teppich in »mein Zimmer« umzuwandeln. Die riesige Küche, die bis dahin wegen all dem Müll nicht bewohnbar gewesen war, sollte eine Art Wohnzimmer werden.

Wieder ließ sich Claus' treue Clique dazu heranzitieren, die Putzkolonne zu spielen, während er daneben stand und zuschaute. Er hätte halt zwei linke Hände. Wir räumten drei, vier Tage auf, warfen den schlimmsten Sperrmüll raus und renovierten, und von da an hatte ich wieder mein eigenes Zimmer, das ich mit Liebe einrichtete.

Ich hatte ein altes Röhrenradio, das jahrelang auf Claus' Küchenschrank verstaubt war, und abends hörte ich Musik, und die Lichter vom Radio leuchteten gelb und rot und grün.

Wegen verschiedener Streitereien mit dem Amt wollte sich Claus nicht mehr arbeitssuchend melden und ließ lieber seine Ex-Freundin Tamara, die sich aus irgendwelchen Gründen in die Pflicht nehmen ließ, die Miete bezahlen. Ich überredete ihn, mit mir zum Arbeitsamt zu gehen, um wieder in das soziale Netz einzusteigen.

Ich selbst wollte Sozialhilfe beantragen, und dazu brauchte ich die Bescheinigung vom Arbeitsamt, dass ich keinen Anspruch auf Arbeitslosengeld hatte.

Wir gingen also zum Amt und zogen unsere Nummern, warteten zwei, drei Stunden, bis wir dran waren, und steckten dann unsere Bescheinigungen ein.

Claus bezog nun Arbeitslosengeld, und ich konnte beim Sozialamt vorstellig werden.

Da der Mietvertrag für Claus' Wohnung noch auf Tamaras Namen lief und er das auch nicht hatte ändern lassen, wollte Claus seinen Vermieter nicht anrufen, um ihm die Wohnsituation zu schildern, weil er fürchtete, dann aus der Wohnung rauszufliegen. Ich musste also wieder tricksen, denn ich musste mich irgendwo anmelden, um Sozialhilfe zu beziehen.

Die Lösung war Johnny, der zu unserer Clique gehörte und mit dem wir manchmal Skat am Tresen vom »Ego« spielten. Bei ihm konnte ich mich anmelden. Wir setzten einen Mietvertrag auf und eine kleine Zahlung in den Vertrag ein, die ich Johnny am Monatsende zu geben hatte, weil er auch vom Amt Geld für die Wohnung bekam und man ihm dieses Mietgeld natürlich abzog; weil sie es mir schon gaben.

Der Deal war der: Johnny hatte irgendwann seine Telefonrechnung nicht mehr bezahlen können und bekam deshalb bei der Telekom auf seinen Namen keinen Anschluss mehr. Wenn ich, zumindest auf dem Papier, bei ihm wohnen würde, könnte ich auf meinen Namen für seine Wohnung einen Anschluss anmelden. So machten wir das.

Ich vertraute darauf, dass er ab jetzt seine Telefonrechnungen bezahlen würde, und beantragte Sozialhilfe.

Claus und ich stritten uns immer häufiger, denn dass ich ein Zimmer, dessen Tür man schließen konnte, für mich in Anspruch nahm, ärgerte ihn. Er akzeptierte es nicht, ungeachtet der Tatsache, dass ich Miete bezahlte. Im Gegenteil: Jede Nacht kam er völlig betrunken aus der Kneipe in mein Zimmer und bedrängte mich, setzte sich neben mich auf meine Matratze und machte sich mit einem drohenden

Unterton und der Frage, »na, komme ich dir wieder zu nahe«, über mich lustig.

Während ich früher sogar in seinem Doppelbett geschlafen hatte und mich von ihm umarmen ließ, wollte ich ihn daraufhin noch nicht einmal mehr in mein Zimmer hineinlassen. Wenn ich hörte, wie sich sein Schlüssel im Türschloss drehte, erstarrte ich zu Stein.

Ich schottete mich immer mehr ab, und immer häufiger kam es nachts zu Handgreiflichkeiten, die Todesängste in mir auslösten und an die sich Claus am nächsten Tag wegen seines Alkoholpegels angeblich nicht mehr erinnern konnte.

Zum ersten Mal dämmerte mir, in was für einer Lebenssituation ich mich befand, und in mir war Leere. Ich schämte mich innen und außen, und ich war im Begriff, vor Scham zu sterben. Ich wusste keinen Ausweg.

Ich zerplatzte innerlich, weil das, was ich zeigte, nicht das war, was ich sein wollte, und zwischen diesen beiden Erscheinungsformen lag eine solche Distanz, dass ich es kaum ertrug, wenn ich es wahrnahm.

Es schien mir unüberwindlich.

Ich hatte Übergewicht, trank viel zu viel, hatte henna-rot gefärbte Haare, schlecht sitzende Klamotten, dieses gestörte Verhältnis zu meinem Körper, diese zerstörte, mit Makeup beschmierte Haut, diesen erstarrten Gesichtsausdruck, der mich auf Fotos nervte, und diese grenzenlose Sehnsucht, die Dinge zu bewegen, während ich feststellte, dass um mich herum alles erstarrte. Es war aussichtslos.

Meine Autoaggression schritt fort: Nun hatte ich mir auch die Fingerkuppen derart zerstört, dass ich mir die vor Schmerz pochenden Finger aus Scham mit Pflaster einwickelte. So, wie andere Leute sich die Nägel abkauen und trotz übel schmeckender Tinkturen nicht davon ablassen, sich selbst zu verstümmeln, so knibbelte ich mir die Haut, die den Nagel umgrenzte, weg. Ich tat dies unentwegt, und so waren innerhalb einiger Monate alle zehn Finger bis zum ersten Beugeknöchel blutig. Ich zog mir die Haut ab, sobald die Wunde etwas verschlossen war, und konnte damit nicht aufhören.

Der Druck auf meiner Seele war so groß, dass ich oft in Tränen ausbrach. Ich sagte mir und den anderen, dass ich aus Trauer um meinen Vater weinen musste. In Wirklichkeit war es die Trauer um mich selbst, die so abgrundtief war, dass ich sie nicht ertragen konnte.

Ich lief durch die Straßen und sang innerlich. Ich hörte die Musik von Peter Gabriel und wusste, dass es Hoffnung geben musste. Es musste Hoffnung geben, an die Außenwelt zu gelangen, zu leben, ich wusste es, wenn ich selbst sang, und ich wusste es, wenn ich Peter Gabriel singen hörte, aber sonst wusste ich es nicht und fürchtete, dass es doch keine Rettung für mich geben würde. Ich war in diesem Kerker und blieb am Leben, weil ich wusste, dass ich eines Tages den Ausgang finden würde. Eines Tages würde ich mit Peter Gabriel singen können.

Es gab keinen anderen Weg.

In dieser Zeit hatte ich einen Traum, der von solcher Leuchtkraft und Intensität war, dass er noch lange in mir nachklang: Ich sah einen Mann in weißer Kleidung, der schöne braune Haut hatte und eine Stimme, die mir sagte, dass ich willkommen und gesund sei. Es gab Tische in einem Raum, der von oben beleuchtet war, und ich fühlte mich wie vom Blitz getroffen von der Erscheinung dieser Person. Ich wollte bei ihm bleiben, und es ergriff mein Herz mit solcher Leidenschaft und Wärme, dass ich traurig war, als ich aufwachte und merkte, dass es ein Traum gewesen war.

―――――――――――――― 7. Kapitel ――――――――――――――

EIN TRAUM WIRD WAHR

Im Frühjahr 1994 begleitete ich Walter wieder auf einer seiner Jugendfreizeiten.

Ich schimpfte über ihn und seine Kaltschnäuzigkeit, und doch hatte ich immer wieder in unregelmäßigen Abständen an seinen Freizeiten teilgenommen, obwohl mir die Jugendlichen meinen erbärmlichen Zustand anmerkten.

Einerseits erhoffte ich mir die Stillung meiner Sehnsucht, auf der anderen Seite irgendeine Erklärung oder Antwort, warum niemand diese Sehnsucht stillte.

Walter wehrte diese Forderungen von mir natürlich ab. Während vorher noch so etwas wie ein Zuneigung da gewesen war, eine Schwingung, eine Musik – Walter und ich hatten oft zusammen Gitarre gespielt – erstarb in dieser Zeit zwischen uns jede Form von Lebendigkeit.

Ich kochte innerlich deswegen.

Dieses Mal fuhren wir mit unserer Gruppe nicht in ein Haus, sondern in ein Zeltlager, das in der Art eines Pfadfinderlagers aufgebaut war. Mehrere hundert Menschen aus ganz Deutschland kamen da zusammen. Das Treffen dauerte vier Tage und stand unter dem Motto: »Gottes Geist weht, wo er will.«

An einem Nachmittag konnte ich Walter dazu bewegen, mit mir spazieren zu gehen. Wir schlenderten durch die Gegend und stießen auf ein Gebäude, das in einen Hang gebaut war. Auf einem Schild stand »Westerwald-Akademie«.

Wir berieten uns kurz, dann gingen wir hinein.

Wir betraten ein Treppenhaus, das zum abschüssigen Teil des Hanges hin verglast war. Über zwei Zwischenebenen, in denen in kleinen Nischen ein paar Tische und Sessel standen, ging es nach unten in eine Halle. Von dort aus erreichten wir einen Innenhof, von dem aus man Zugang zu einem großen Atelier mit Werkstatt hatte.

Mehrere Leute standen an Staffeleien und gestalteten unterschiedliche Bilder. Auf einem Tisch in einer Ecke konnte man zwischen diversen Pinseln und Farben wählen, in einer Ecke lagen stapelweise Bögen von grauem und weißem Papier.

Es war ein Atelier, und ich stand mitten drin.

Wir gingen wieder hinaus und hinunter zu unseren Zelten, aber der Gedanke an die Akademie ließ mich nicht mehr los. Ich hielt es in unserem 12-Mann-Zelt nicht mehr aus und fragte Walter, ob es okay sei, wenn ich die Gruppe für ein, zwei Stunden verlassen würde, und er ließ mich gehen.

Es war mein Aufbruch in ein neues Leben.

Ich stieg den Hügel hoch, betrat das Gebäude und wusste nicht recht, wie ich es anfangen sollte. Ich schaute den anderen über die Schulter, lief umher und betrat dann die Werkstatt hinter dem Atelier.

Dort sah ich Udo zum ersten Mal. Ein kräftiger Mann, Ende Fünfzig, mit brauner Haut und weißem Malerkittel über einer weißen Hose, stand vor mir. Er holte frische Pinsel und Farben aus einem Schrank an der Wand, um die Bestände im Atelier aufzufüllen, und machte einen etwas griesgrämigen Eindruck. Ich hatte etwas Angst vor ihm, aber gleichzeitig fühlte ich mich an etwas Wunderschönes erinnert.

Mit aufgesetzter Selbstsicherheit fragte ich ihn, was das

denn hier für eine Veranstaltung sei. Er erklärte, es sei der Tag der offenen Tür der Westerwald-Akademie, und er sei Udo, der Leiter.

Wir sahen uns in die Augen.

Ich fragte ihn, ob hier jeder einfach mitmachen könnte, und er erklärte, etwas desinteressiert, »ja, jeder kann hier mitmachen«.

Ich sagte okay, ging in das Atelier zurück und spürte Udos Blicke auf meinem Rücken.

Ich nahm mir eine Staffelei, ein paar Farben und Pinsel und einen großen Bogen Papier. Udo kam aus der Werkstatt und zeigte mir, wie ich den Bogen mit Klebeband auf einem passenden Holzbrett befestigen sollte, um das Ganze dann auf die Staffelei zu stellen.

Ich nahm Plakafarben und ein Stück Zeichenkohle, einen Lappen und einen Wassereimer und suchte mir einen Platz im gut besuchten Atelier.

Ich stellte mich zwei Meter von der Staffelei weg und wusste intuitiv, was ich zu tun hatte. Ich schaute auf das große leere Blatt, machte zwei Schritte darauf zu und zeichnete in einen schnellen, impulsiven Bewegung ein stilisiertes Dreieck auf das Blatt, das jeden, der es sah, an ein Segel erinnerte. Es gab einen Mittelstab von oben nach unten, einen schrägen Stab vom Mittelstab nach rechts unten und einen waagerechten Stab, der die beiden am unteren Ende verband.

Udo beobachtete mich, und in mir stiegen Kräfte und Gefühle von solcher Intensität auf, dass mir die Knie zitterten.

Von eins bis drei machte Udo Mittagspause und fuhr nach Hause zu seiner Ehefrau. Ein Vakuum entstand, als er weg war, und ich machte weiter mit meinem Bild. Ich füllte es mit Farbe. Ich dachte noch an meine Wut auf Walters Verhalten, und das Bild wurde eisblau und kalt wie ein See. In die rechte untere Ecke kritzelte ich einen Gedichtausschnitt, der etwas mit emotionaler Kälte zu tun hatte.

Udo kam aus der Mittagspause zurück und betrachtete mein Bild. Dann schaute er mich an, und sein Blick fragte mich, von welchem Stern ich denn plötzlich auf die Erde gefallen sei. Er lobte mein Bild der Gruppe gegenüber. Ich sagte ihm, ich wollte ein zweites machen, das gleiche, aber dieses Mal in rot.

Mein blaues Bild hängte ich gut sichtbar an die Atelierwand, bevor ich ein neues Blatt Papier an der Staffelei befestigte.

Wieder zog ich mein Segel, jetzt war es etwas straffer. Ich füllte es mit Farbe, und Udo stellte sich schräg hinter mich und beobachtete, wie sich meine Unterlippe bewegte, während ich mit dem Pinsel durch die feuchte Farbe ging. Er ging ein paar Schritte weiter weg und betrachtete meinen Körper, während ich mich vornüber beugte, um den Pinsel im Wassereimer auszuwaschen.

Ich war im siebten Himmel. Ich malte, und die Ausstrahlung dieses Mannes beeindruckte mich tief. Er zog mich an wie der Honig die Biene. Ich war verloren.

Bis zum Abend war mein Bild fertig, es war blutrot geworden. In die rechte untere Ecke kritzelte ich einen Gedichtfetzen, der etwas mit Liebe und Begehren zu tun hatte, und dabei hatte ich das Gefühl, dass Udo genau wusste, was in mir vorging.

Am Abend legten wir alle Bilder, die entstanden waren, in einem Halbkreis auf den Boden und stellten uns davor. Wir betrachteten eins nach dem anderen, und Udo referierte. Er nannte alle Bilder »Arbeiten« und brachte das, worum es in den Werken ging, genau auf den Punkt. Ich lauschte gebannt.

Dann kam ich an die Reihe. Er lobte meine »Arbeiten«, stellte mein Talent heraus, und ich liebte diesen Menschen innerhalb weniger Stunden so sehr, dass sich mein Leben veränderte.

Meine Beziehung zu Claus und der damit verbundene soziale und emotionale Notstand schrumpfte im Laufe dieses Nachmittags zur vollkommenen Nichtigkeit zusammen.

Monatelang war ich nur damit beschäftigt gewesen, diese an sich unerträgliche Situation doch irgendwie zu ertragen, und meine ganze Energie war dabei draufgegangen. Jetzt hatte sich eine Lawine gelöst, und ich spürte deutlich, dass sie nicht mehr aufzuhalten war.

Als Udo an diesem Abend das Atelier verließ, machte sich in meinem Herzen eine unbeschreibliche Sehnsucht breit. Sollte das alles gewesen sein? Sollte ich jetzt nach Hause fahren und in die gewohnte Tristesse zurückkehren? In meinem Kopf entstand ein Bild von Claus, wie er betrunken auf meiner Matratze sitzt und mich mit dem gleichen idiotischen Gequatsche krank macht wie damals mein Vater.

Es war unmöglich.

Ich holte meine Luftmatratze aus dem Zelt und nahm das anhaltend schlechte Wetter als Grund, um mich aus dem Staub zu machen. Ich nahm einfach meinen Krempel und schlug mein Lager, ohne um Erlaubnis zu fragen, unter einem Tisch in der Werkstatt auf. Sollte Walter mir doch den Buckel runterrutschen.

Draußen wurde es langsam dunkel. Es gab noch ein paar andere Leute, die sich nicht davon trennen konnten, etwas von sich auf die Papierbogen zu bringen. Auch sie spürten, dass dies eine nicht wiederkehrende Gelegenheit war, und sie blieben mit mir. Wir arbeiteten weiter bis tief in die Nacht, und ich war die Letzte, die sich schlafen legte.

Ich malte ein drittes Segel in einem strahlenden Goldgelb.

Unten rechts in die Ecke kritzelte ich den Ausschnitt eines Gedichtes, das ich zu der Zeit auswendig gelernt hatte:

> *Es sind die stillen Feuer*
> *Neu entfacht*
> *Ein Ebenmaß an Leuchten,*
> *gefunden unter kalter Asche*
> *brennt sie nun*
> *– die Liebe.*

Ich war zutiefst bewegt. Stundenlang schritt ich in dem Atelier auf und ab, betrachtete die Bilder und konnte nicht fassen, was geschehen war.

Ich hatte mich wiedergefunden.

Ich hatte Kontakt hergestellt zu einem Teil von mir, der selbstbewusst und gesund war. Ich konnte etwas tun, wofür andere mir ihre Anerkennung aussprachen. Ich hatte einen Anhaltspunkt, um den Kampf um mein Leben aufzunehmen.

Am nächsten Tag erwachte ich mit einem leichten Kater, denn trotz aller Fortschritte hatte ich mir wie jeden Abend eine gewisse Bettschwere angetrunken.

Ich wartete ungeduldig auf Udo, immerzu musste ich an ihn denken. Es war Sonntag, die Veranstaltung war beendet, und er kam am späten Vormittag, um aufzuräumen.

Ich saß im Atelier herum und versuchte, ein Gespräch zu beginnen. Udo gab sich etwas eigenbrötlerisch und abweisend. Es war ihm unangenehm, Privates auszutauschen. Trotzdem unterhielten wir uns ein bisschen, und er fragte mich, was ich so machen würde.

Ich wusste nicht, was ich sagen sollte. Es war mir peinlich, dass ich Sozialhilfeempfängerin war und in einer so bemitleidenswerten Situation. Ich stotterte etwas herum, dann sagte ich, dass ich Musikerin sei. Udo schaute etwas skeptisch drein, ließ es aber auf sich beruhen.

Irgendwann musste ich gehen, denn in einer halben Stunde war Abfahrt. Ich rollte meine drei Segeln zu einem Paket zusammen, steckte sie wegen des Dauerregens in eine Plastiktüte und verabschiedete mich schweren Herzens von Udo.

Im Gehen fragte ich ihn, was denn hier sonst noch so los wäre, und er gab mir ein Programm mit, in dem die regulären Kurse aufgelistet waren, die er das Jahr über abhielt.

An das Atelier angeschlossen waren Einzel- und Doppelzimmer und ein großer Raum, in dem die Mahlzeiten eingenommen wurden, und die Kurspreise verstanden sich inklusive Unterkunft und Verpflegung.

Der nächste Kurs, der angeboten wurde und auf den Udo mich auch hinwies, war die »Sommerakademie«, der mit Abstand längste Kurs von allen. Drei ganze Wochen dauerte diese Veranstaltung, bei der man im Haus schlief und aß, und nachmittags sogar Kaffee und Kuchen bekam.

Drei ganze Wochen, in denen Udo sich jeden Vormittag und Nachmittag im Atelier aufhielt, um die Kursteilnehmer in ihrer Arbeit zu unterstützen, und dazwischen wurden Ausflüge unternommen.

Ich nahm den Prospekt und die Bilder mit, und sie wurden mein Lebensinhalt. Ich hatte keine Vorstellung, wie ich die für meine damaligen Verhältnisse völlig unerschwingliche Summe von 1000 DM aufbringen sollte, die der Kurs kosten würde, aber ich konnte mir auch nicht vorstellen, wie ich ohne diese Sommerakademie weiter existieren sollte.

Wieder in Essen, versuchte ich mein Glück bei Walter. Ich erklärte ihm, dass ich der Ansicht sei, mit meiner ehrenamtlichen Arbeit als Betreuerin eine Anerkennung verdient zu haben. Schließlich hatte ich sieben Freizeiten am Wochenende unentgeltlich mitgemacht. Ob es nicht möglich sei, dass die evangelische Kirche, für die ich gearbeitet hatte, mir diesen Kurs finanzieren könne. Dabei argumentierte ich, dass die Westerwald-Akademie auch von der evangelischen Kirche getragen sei, und so gesehen bliebe das Geld ja »in der Familie«.

Nach einigen Besprechungen mit Boris, dem damaligen Leiter des Jugendcafés, in dem ich mit Conni immer auftrat, sagte er zu, unter der Bedingung, dass ich mit dem erworbenen Wissen weiter mit Jugendlichen arbeiten sollte. Ich jubelte!

Nach Tagen und Nächten, in denen ich immer und immer wieder die erlebten Szenen vor meinem geistigen Auge ablaufen ließ, die Bilder betrachtet und von der Erfüllung meiner Träume geträumt hatte, meldete ich mich nun wirklich und wahrhaftig zur Sommerakademie an. Wenig später erhielt ich die schriftliche Bestätigung, dass man einen Platz für mich reserviert hatte. Ich schwebte.

Claus fand es zunächst amüsant, dass ich Udo kennen gelernt und diese Bilder mitgebracht hatte. Er hörte gespannt zu, wenn ich etwas darüber erzählte, und so konnte ich ungehindert meinen Träumen nachhängen, die sich allesamt mit Udo beschäftigten. Ich verging vor Sehnsucht, und es war stärker als alles, was ich bis dahin empfunden hatte.

Ich schlug die Zeit bis August tot, als existierte das Leben im Jetzt nicht. Ich besuchte meine Klimperkastenfreunde, schlief mal hier und mal da und kaufte mir in einem Secondhand-Shop eine weiße Latzhose, die ich als Malerhose mit zur Sommerakademie nehmen wollte.

Ich war so aufgeregt, Udo wiederzusehen. Ich war mir sicher, dass unsere Begegnung ihn ebenso beeindruckt hatte wie mich. Ich vergaß, dass er 30 Jahre älter war und eine vermutlich glückliche Ehe führte. Es war mir egal, weil es in meinem Bewusstsein nicht vorkam.

* * *

Ich nahm den Zug und fuhr am Abend vor Kursbeginn zur Sommerakademie.

Die Westerwald-Akademie entpuppte sich als Ruhe- und Fortbildungsstätte für erschöpfte Menschen mittleren Alters. Die 20 Teilnehmer waren allesamt um mindestens zehn Jahre älter als ich. Sie trafen, teils scheu, weil sie niemanden kannten, teils freudig erregt – oder auch etwas gelangweilt –, den einen oder anderen wiederzusehen, nach und nach im Innenhof ein.

Wir versammelten uns gegen 18 Uhr zum Abendessen auf der Terrasse, und mein Puls ging 180. Gleich würde Udo die Treppe herunterkommen und vor mir stehen. Ich konnte mich auf kein Gespräch konzentrieren und schielte dauernd zum Treppenhaus.

Dann kam Udo, frisch rasiert und gut gelaunt. Er begrüßte jeden einzelnen, und als ich an die Reihe kam, schmolz ich dahin. So lange hatte ich auf diesen Moment gewartet. Er sah mich an und sagte: Du hast es geschafft. Das freut mich sehr.

Ich war so glücklich.

Die Akademie begann mit einer Vorstellungsrunde, die wir nach dem Abendessen in einem Stuhlkreis abhielten. Die meisten waren zum ersten Mal zu einem Kurs gekommen, aber einige waren so etwas wie »Stammgäste«, die Udo gut kannten und zum Teil auch schon die Kurse mitgestalteten.

Zu den Teilnehmern gehörte auch Brigitte, die schon zum dritten Mal da war: Eine 50-jährige Hausfrau, die sich gerade von einer Nierenerkrankung erholte und immer eine Wolldecke über den Beinen hatte; Walter, ein schwuler Lehrer aus Berlin, der überhaupt nicht schwul aussah mit Ringelshirt und lustigen Locken, und Hans, ein etwa 40-jähriger Mann, der eine Spirituosenhandlung in Dortmund besaß und der sich nach Jahren endlich von seiner alkoholkranken, tyrannischen Ehefrau getrennt hatte und mit den Nerven völlig am Ende war.

Und dann waren da Gabriele und Lotti.

Lotti stellte sich vor und sagte, dass sie schon im siebten Jahr zur Akademie kommen würde und dass sie an Brustkrebs erkrankt sei. Die Ärzte hatten ihr damals noch sechs Monate gegeben, aber da lernte sie die Akademie kennen und begann, sich auf dem Papier mit ihrer Krankheit auseinander zu setzen. Sie hatte immer noch Brustkrebs und war schon zig mal operiert worden, die linke Brust hatte man ihr mittlerweile amputiert, aber sie lebte und hatte durch die Malerei eine Lebensqualität gefunden, die sie vorher nicht gekannt hatte.

Mir blieb die Spucke weg, so einen Respekt hatte ich vor Lotti. Sie hatte ganz graues Haar und kräftige Zähne und ihre Bilder, die sie später zu einem Buch zusammenfasste, handelten allesamt von der »Narbenlandschaft«, die die vielen Operationen auf ihrem Oberkörper hinterlassen hatten.

Anstatt die Verstümmelungen zu ignorieren, setzte sie

sich damit auseinander, fotografierte sie, zeichnete sie, und sie schrieb Gedichte dazu. Die Bilder erinnerten mich an eine Luftaufnahme von einem Flusslauf im Amazonasgebiet.

Meine eigenen Schmerzen in der Brust hatten zwar so weit nachgelassen, dass ich nicht mehr allzu viel darüber nachdachte, aber sie waren immer noch da. Als Lotti neben mir saß, deutete ich das als Omen und dachte, dass ich sie treffen sollte, damit ich sehe, welches Schicksal mir auch bevorsteht. Meine Angst, an Brustkrebs erkrankt zu sein, hatte sich mittlerweile auch manifestiert. Ich glaubte, alle möglichen Tumore zu entdecken, wenn ich meine Brust abtastete, war aber vor lauter Angst nicht dazu in der Lage, mit jemandem darüber zu sprechen.

Die andere Frau, an die ich mich sehr genau erinnere und die nachhaltigen Eindruck auf mich machte, war Gabriele: eine dünne, drahtige, etwas maskuline, permanent selbst gedrehte Zigaretten rauchende Lehrerin von etwa 40 Jahren, die mit Abstand die professionellste unter uns war, was die bildnerische Arbeit betraf. Sie unterrichtete unter anderem Kunst und engagierte sich sehr für ihre Schüler. Sie war mit Udo auf eine unerotische, kumpelhafte und doch sehr enge Art und Weise verbunden. Sie kannten sich bereits seit Jahren, und Gabrieles Arbeiten waren überwältigend: Sie hatte eine eigene Technik entwickelt, mit der sie in unendlicher Ausdauer verschiedene Fragmente zu großen aussagekräftigen Collagen verarbeitete. Es sah wirklich gekonnt aus, und es war amüsant zu beobachten, dass Lotti von ihr abkupferte, aber in ihren Arbeiten immer etwas Unbeholfenes behielt, was sie aber nicht zu stören schien.

Gabriele und Lotti gehörten zu Udos »hartem Kern«. Sie waren mehrere Male im Jahr bei ihm und rührten auch kräftig die Werbetrommel für die Kurse.

In der ersten Woche der Akademie arbeiteten Gabriele

und Lotti, die während der gemeinsamen bildnerischen Arbeit dicke Freundinnen geworden waren, abgeschottet nur für sich in einer Ecke des Ateliers. Udo bat sie, sich der Gruppe anzuschließen, und so bekam ich Kontakt zu Gabriele, die auch in meiner Heimatstadt wohnte und die ich später ein paar Mal besuchte.

Das Beisammensein mit Udo während dieser Sommerakademie übertraf meine kühnsten Träume. Er achtete auf mich, lobte meine Arbeiten und munterte mich auf. Wenn es die Situation ergab, stellte er sich während des Unterrichts auf ein paar Zentimeter Abstand hinter mich, sodass ich ihn riechen konnte. Wir standen ganz nahe beieinander und guckten auf das Bild, an dem ich gerade an meiner Staffelei arbeitete, aber wir berührten uns nicht. Wir hielten die Spannung bis zum Schluss, und eines meiner Bilder wurde als Teil der Dauerausstellung in einem Rahmen an die Wand gehängt.

Ich schwebte und hatte doch gleichzeitig Angst vor Udo, denn er ging jedes Mal um 19 Uhr nach Hause und schien keine Probleme damit zu haben, von mir getrennt zu sein, während ich vor Sehnsucht die Wände hochging. Ich malte Bilder, auf denen Liebende sich umarmten und die trotz ihrer offenkundig an ihn gerichteten erotischen Aufforderung nicht peinlich waren.

An einem dieser Nachmittage machten wir mit allen Kursteilnehmern, die Lust dazu hatten, einen Waldspaziergang und nahmen unsere Zeichenutensilien mit. An einer geeigneten Stelle machte die Gruppe Halt, um ein wenig zu arbeiten. Ich setzte mich auf einen umgestürzten Baumstamm und zeichnete ein Stück von dem Stamm, der mit Flechten und Moos bewachsen war.

Ich war froh über die gelungene kleine Bleistiftzeichnung, die, im Unterschied zu meinen übrigen Arbeiten, einmal etwas naturgetreu darstellte.

Nachdem wir am Abend wie jeden Tag unser Tagwerk in der Gruppe gemeinsam betrachtet und besprochen hatten, bemerkte Udo im Vorbeigehen, dass meine Zeichnung eine gute Arbeit für eine Bewerbungsmappe an der Universität sei.

Mir stockte der Atem.

Ich fragte ein paar Mal nach, was er damit gemeint hatte. Er sagte allen Ernstes, dass ich mich daran machen sollte, die Aufnahmeprüfung für ein Kunststudium zu schaffen.

Udos Idee, eine Mappe zu erarbeiten, wurde zu meinem Fixstern, obwohl mir der Weg dahin unendlich lang erschien, so, als ob ich mit einem Segelboot zum Mond fliegen müsste. Während dieser ganzen Zeit hatte ich immer noch das Gefühl, krank zu sein, ohne dass ich mit jemandem darüber sprechen konnte. Doch wenn ich malte, dachte ich nicht daran. Ich konnte es vergessen, ohne Alkohol zu konsumieren, und verarbeitete dabei gleichzeitig meine Albträume und Ängste, indem ich sie zu Papier brachte. Am Morgen der Abreise verabschiedete ich mich mit einer großen Rolle von Zeichnungen und Skizzen unter dem Arm und der Erinnerung an ein unvergessliches Erlebnis im Herzen.

Udo umarmte mich kurz und zog mich dabei fest an sich. Für einen Atemzug lag ich an seiner Brust. Ich spürte seine Haut an meiner Wange. Dann ließ er mich los und schob mich sanft, aber bestimmt von sich. Dass er mich von sich aus an sich gezogen hatte, während ich von mir aus niemals auf ihn zugegangen wäre, steigerte die Intensität dieses Augenblickes um ein Vielfaches, und ich vergaß den Moment nicht mehr.

Es war der Abschied von einem Traum.

Es war ein Lebewohl, und es tat weh.

Auch wenn ich wiederkommen würde, dieser Augenblick war für immer vorbei, und wir wussten es beide.

Ich nahm meine Sachen, verließ das Gebäude und trat auf den Parkplatz vor dem Haus, wo ein Kursteilnehmer, der mich mit seinem Auto zum Bahnhof bringen wollte, bereits auf mich wartete.

Auf der Rückreise nach Essen übermannte mich eine Sehnsucht, die ich kaum ertragen konnte.

Ich liebte ihn.

Ich verglühte, und die Wärme seines Körpers, die ich für eine Sekunde beim Abschiednehmen gespürt hatte, gab mir den Rest.

Ich akzeptierte es nicht.

Ich akzeptierte den Abschied nicht, ich konnte ihn nicht loslassen, obwohl ich ahnte, dass ich genau mit diesem Verhalten die Schönheit und Intensität der letzten drei Wochen zerstören würde.

Kaum zu Hause angekommen, studierte ich schon wieder das Jahresprogramm und schmiedete Pläne, wann ich wieder dorthin kommen könnte, wo ich mit Udo gewesen war. Dabei wusste ich, dass ich nie wieder die Unschuld dieser Begegnung erleben würde – und es war ja auch ein Fass ohne Boden: Ich liebte Udo ja, weil ich wusste, dass er niemals eine nahe Beziehung zu mir zulassen würde. Hätte er sich ernsthaft für mich interessiert, hätte ich innerhalb der nächsten fünf Sekunden das Weite gesucht. Was blieb, war die ungeheure Intensität, die zwischen mir und einem Gegenüber entstehen konnte, sofern dieser mindestens zehn Zentimeter Abstand hielt.

Was blieb, war mein Leben mit Claus, der auf diese ganze Sache mit der Akademie und diesem Lehrer nun gar nicht mehr so freundlich reagierte. Er begründete das damit, dass der Lehrer meine Naivität nur ausnutzen würde, aber ich hatte das Gefühl, dass Claus mein fester Wille, diese Aufnahmeprüfung zu probieren, und meine Aussage, dass ich aus dem Scheiß raus will, nicht so recht in den Kram passten. Ich war ja mittlerweile fester Bestandteil seiner Trunksucht, und ich war der Top Act des Abends.

Mit meinen Zeichnungen hatte ich mir ein kleines Eiland erkämpft, um das wir uns heftige Gefechte lieferten, denn ich verwehrte Claus zu meiner Insel jeglichen Zutritt.

Seine Belästigungen und meine Abwehr steigerten sich ins Unerträgliche.

Mehr und mehr verkroch ich mich in meinem Zimmer, rief die alten Bilder von der Sommerakademie wieder auf und versuchte, mich irgendwie über Wasser zu halten.

Ich schickte Udo Briefe, doch er antwortete nicht. Irgendetwas änderte sich, ich wusste nicht, was, ich wusste nur, dass es mir dabei nicht besonders gut ging.

Ich war wütend auf diese Udos und Walters, die sich mir so sehr angenähert hatten, dass man eine Glühbirne zwischen uns zum Leuchten hätte bringen können, und mich dann einfach allein ließen, ohne dass sich die Spannung entladen hatte. Ich konnte nicht verstehen, wie man nach solch einer Nähe wieder auseinander gehen konnte, ohne dass sich die Welt veränderte. Ich verstand nicht, wie Udo ohne diese Nähe weiterleben konnte, wenn ich es nicht konnte.

Instinktiv wusste ich, dass die eigentliche Ursache, die mich dieses stereotype Theaterstück wieder und wieder inszenieren ließ, im Verborgenen lag und von dort aus mein Leben fernsteuerte.

Ich steckte fest.

8. Kapitel

DIE KÖNIGIN

Im Herbst des Jahres 1994 fuhr ich zu einem 10-tägigen Kursus, der sich mit Farbe auseinander setzte, in die Akademie.

Die Heiterkeit und Freude in Udos Ausdruck war verflogen.

Ich litt. Udo kam morgens um zehn ins Atelier, und ich kochte innerlich. Udo ignorierte meine aufgewühlten Gefühle, und so ging ich mit ihnen zur nächsten Leinwand.

Zum ersten Mal in meinem Leben versuchte ich es mit Ölfarben, der Farbe der »echten Künstler«, und es wurde mein bildnerischer Durchbruch.

Ich malte die »African Queen«.

Die African Queen war schokoladenbraun, stand vor einer sehr gelungenen Komposition aus verschiedenen, überwiegend blauen Farbfeldern, und sie war vor allen Dingen eines: nackt. Ihre großen Brüste thronten majestätisch in der Mitte des Bildes, während ich mir im realen Leben die Brüste mit einem viel zu engen Body plattdrückte, sodass ich aussah, als hätte ich keine.

Die African Queen trug ein gold-gelbes Halsband mit einem grünen Edelstein. Als das Bild fertig war, fand ich das Halsband viel zu eng. Durch eine veränderte Farbfläche, nur einen Quadratzentimeter groß, konnte ich den Eindruck erwecken, dass das Halsband deutlich weiter war. Sie hatte nun etwas mehr Luft zum Atmen, und es sah

135

auch so aus, als ob die Worte, die in ihrem Schlund fest-steckten, eines Tages nach draußen kommen konnten. Ich fand, dass ich es gut gemacht hatte.

Doch Udo gefiel das gelockerte Halsband gar nicht. Er nannte meine geänderte Farbfläche »unmotiviert« und meinte, dass er jetzt immer nur auf den Quadratzentimeter schauen würde, aber nicht mehr auf das ganze Bild. Ich wollte es trotzdem so lassen. Daraufhin wurde Udo ener-gisch und ein wenig herablassend, was sonst überhaupt nicht seine Art war. Ich hatte aber auch noch nie versucht, mich durchzusetzen.

Ich blieb unnachgiebig, was das Halsband betraf, und ich wurde misstrauisch Udo gegenüber, weil ich Angst hat-te, dass es im Grunde darum ging, ob die African Queen, die eine unübersehbare Ähnlichkeit mit mir hatte, nun at-men sollte oder nicht. Da Udo das enge Halsband bevor-zugte, sah ich in ihm jemanden, der mich daran hindern wollte, frei zu atmen und zu sprechen.

Warum war Udo plötzlich so verändert? Ich fühlte mich völlig verunsichert und fragte mich, ob ich meiner Wahr-nehmung überhaupt noch vertrauen konnte. Hatte ich mir alles nur eingebildet? Hatte es gar nichts Besonderes zwi-schen uns gegeben?! Ich rief mir die Erinnerungen ins Ge-dächtnis ...

Es war für mich von immenser Bedeutung, ob ich mir die Gegenseitigkeit unserer Gefühle nur eingebildet hatte. Es beschäftigte mich ungemein, und um diese Sache eini-germaßen akzeptabel für mich abschließen zu können, musste ich von Udo wissen, ob er überhaupt jemals Inte-resse an mir gehabt hatte. Egal, wie seine Antwort ausfal-len würde.

Am Ende dieses Kurses nahm ich all meinen Mut zu-sammen und stellte ihn in einem günstigen Augenblick zur Rede.

Im Innenhof vor dem Atelier fragte ich ihn, ob ich mir das alles nur eingebildet hatte oder ob das, was ich während der Sommerakademie gespürt hatte, auch in seinem Herzen vor sich gegangen war. Er versuchte erst, vom Thema abzulenken, indem er mir erklärte, dass sehr viele interessante Frauen seine Kurse besuchten, er diesen Versuchungen jedoch, um seine Frau nicht zu verletzen, schon lange nicht mehr nachgeben würde. Dann meinte er, dass er nicht wisse, was eigentlich mit mir los sei. Er hätte manchmal den Eindruck, als ob ich jeden Moment wie eine Bombe explodieren würde.

Ich wollte aber nur eine ganz bestimmte Antwort auf eine ganz bestimmte Frage hören, und die gab er mir am Ende des Gesprächs auch: Er hatte genauso empfunden wie ich. Er gab es mir später sogar schriftlich – allerdings nur, um endlich Ruhe vor mir zu haben.

Als ich nach Hause zurückfuhr, war ich trotz des Chaos' in meinem Herzen in gewisser Weise erleichtert und befreit. Meine Befürchtung, dass ich Situationen nicht mehr richtig einschätzen konnte, löste sich mit Udos »Geständnis« in Luft auf. Ich war mir jedoch nicht sicher, ob Udo ein Wort von dem, was ich ihm versucht hatte, zu sagen, auch wirklich verstanden hatte.

Claus' Abneigung gegen meine Pläne, die Aufnahmeprüfung an der Kunsthochschule zu schaffen, steigerte sich, als er erkannte, wie ernst ich es meinte. Ich hatte etwas gefunden, das mir die Kraft gab, gegen meine Krankheit zu kämpfen, während Claus sich längst aufgegeben hatte. Jetzt war seine Mutter auch noch unheilbar an Krebs erkrankt, und ich hatte gefälligst zusammen mit ihm unterzugehen.

In einer unseren durchsoffenen Nächte schwor ich ihm zwar hoch und heilig, auf jeden Fall zu ihm zu stehen, egal was passiert, wenn ich jedoch nüchtern war, versuchte ich mich, wo ich nur konnte, gegen ihn abzugrenzen. Ich erklärte, dass ich in seiner Nähe nicht arbeiten könnte, aber er meinte, dass das Quatsch sei und dass es an mir liegen würde, wenn ich nicht zeichnen könnte.

Es war subtil und gemein. Es hagelte Vorwürfe, dass er mir so sehr geholfen hätte und ich blöde Kuh nun nichts Besseres zu tun hatte als diesen Kunst-Quatsch, anstatt ihm dankbar zu sein. Es kam zu nächtlichen Übergriffen und abfälligen Bemerkungen über alles und jeden, natürlich besonders über mich.

Ich wollte weg, so viel stand fest.

Anfang November 1994 meldete ich mich auf die Annonce eines Mannes, der auf dem Essener Weihnachtsmarkt einen Verkaufsstand betrieb.

Ich bewarb mich um den Job, nachdem ich mir die schulterlangen Haare noch mal rot gefärbt hatte, und wurde angenommen. Die Arbeit gab mir großes Selbstbewusstsein. Die regelmäßigen Anfangszeiten am späten Morgen taten mir gut. Mit dem Besitzer des Standes, mit dem ich den ganzen Tag auf ein paar Quadratmetern zusammenstand, redete ich viel über mein Leben, und durch die Gespräche wurde mir erst klar, wie unglücklich ich im Grunde war.

Ich vergaß Udo etwas, hielt mich an dem Job fest und sammelte die Hundertmarkscheine, die ich verdiente, in einem Umschlag, den ich unter meinem Kopfkissen versteckte.

1000 Mark befanden sich in dem Umschlag, als ich am Silvesterabend 1994 Claus damit auf die Palme brachte, dass ich nicht mit ihm zu der Party bei den anderen aus der Clique gehen wollte. Es gab einen handfesten Streit.

Tags darauf packte ich, in Begleitung eines befreundeten

Pianisten, meine Sachen und verschwand aus der Wohnung, als Claus nicht zu Hause war.

Ich hatte mir zwar geschworen, mich nie wieder in eine Situation zu begeben, in der ich nicht wusste, wo ich am nächsten Abend übernachten sollte, aber ich warf meinen Vorsatz über Bord.

Ich nahm die Beine in die Hand und machte, dass ich weg kam.

9. Kapitel

GESCHENKE

Die ersten Wochen übernachtete ich abwechselnd bei Johnny und Tamara auf dem Sofa. Dann meldete ich mich per Telefon auf eine Wohnungsannonce der WAZ.

Es war eine kleines dunkles Parterre-Loch in der Breslauer Straße. Ich war die Erste, die da war, um die Wohnung anzusehen, und die Vermieterin reichte mir einen Mietvertrag. Ich unterschrieb.

Jetzt hatte ich das erste Mal seit über drei Jahren wieder eine eigene Bleibe. Ich konnte die Tür zumachen, und das war's. Ich stellte die Klingel ab und klemmte mir ein Beil, das ich unten im Kohlenkeller gefunden hatte, unter den Rahmen der Wohnungstür. Ich übte, die Axt schnell aus dem Rahmen herauszuziehen und vor meinen Körper zu halten, für den Fall, dass Claus plötzlich vor der Tür stehen würde. Wieder und wieder zog ich die Axt wie ein Cowboy den Colt.

Claus hatte herausgefunden, wo ich war, und ich hatte Angst, dass er kommen und mich verprügeln würde. Er war wütend auf mich und behauptete allen Ernstes, ich würde ihm noch drei Monatsmieten schulden, weil ich einfach abgehauen war. Dabei hatte ich bei ihm noch nicht einmal einen Mietvertrag gehabt.

Das erste halbe Jahr in dieser Wohnung verbrachte ich ohne Fernseher und Telefon. Die meiste Zeit lag ich auf dem von meinem Vormieter übernommenen Hochbett und schlief. Ich beobachtete die Katzen, die lautlos durch den Innenhof schlichen. Eine rote, eine graue, zwei schwarze.

Als der Frühling kam, wich meine Lethargie, und ich empfand eine tiefe, grenzenlose Freude, als dieser Winter 1994/95 vorbei war und ich zum ersten Mal im Morgengrauen die Vögel zwitschern hörte.

Ich begann zu zeichnen, um mich an der Hochschule zu bewerben. Ich werkelte alleine vor mich hin und war begeistert von meinen Fortschritten.

Im Mai stellte ich dann zwei Bewerbungsmappen zusammen: eine für die Kunstakademie Düsseldorf, denn ich hatte mir partout in den Kopf gesetzt, »Meisterschülerin« zu werden, und eine »zur Sicherheit« an die Essener Universität zum Lehramtstudium.

Obwohl Udo mir immer wieder geraten hatte, mir die freie Kunst aus dem Kopf zu schlagen, wollte ich unbedingt zu den »echten Künstlern« gehören, zu den »auserwählten, hoch begabten, meisterhaften«, und als ich meine Mappe in der Düsseldorfer Akademie abgab, fühlte ich mich dort auch irgendwie zu Hause, obwohl ich mir mit diesen »elitären« Gedanken gleichzeitig schlecht vorkam.

In Wahrheit hatte ich nur Sehnsucht nach einer Klassengröße, die ein intensives Arbeiten erlaubt, nach starken Mitstudierenden und Räumen mit hohen Decken und großen Fenstern, in denen man arbeiten konnte, ohne nach einer Doppelstunde seine Sachen wieder wegräumen zu müssen. Ich sehnte mich nach einer großen Ernsthaftigkeit, einem großen Lehrer, einem großen Ziel vor Augen.

Es waren immens starke Bedürfnisse, die ich verspürte, nach all der Zeit, in der ich mit Leuten zu tun hatte, die diese Ziele nicht verstanden. Selbst Udo hatte mir erzählt,

141

dass es sinnvoller wäre, als Lehrerin an einer staatlichen Schule sein Leben zu fristen, weil das mit der Kunst sowieso keinen Sinn hatte.

Die Kunsthochschule Düsseldorf bewertete mich mit einem Notendurchschnitt von 2,8. Ich hätte eine 2,3 gebraucht, um angenommen zu werden.

Die Essener Uni schickte mir einen Brief, in dem stand, dass ich »den Nachweis für die besondere Eignung für das Lehramtstudium in der Fachrichtung Kunst« mit meinen eingereichten Arbeitsproben erbracht hätte und somit zum Wintersemester 1996/1997 mein Studium an der Universität aufnehmen könnte.

Eine unabhängige Kommission, die mich noch nie gesehen hatte, hatte meine Arbeiten bewertet und entschieden, dass ich »besonders geeignet« war. Keine erotischen Fragwürdigkeiten, kein Mitleid und keine falsche Anerkennung, für die ich am Ende wieder dankbar sein musste, waren mitgemischt in diesem ganz nüchternen Brief der Universität Essen.

Ich freute mich wie ein Schneekönig.

* * *

Dass ich einen Studienplatz hatte, hielt mich jedoch nicht davon ab, weiterzutrinken. Nach wie vor fühlte ich mich krank und konnte mit niemandem darüber sprechen.

In diesem Jahr traf ich Albert wieder, den ich aus Monis Blumenladen kannte. Wir tranken miteinander und irgendwann landete ich mit ihm, der gerade ein paar Monate wegen Drogenbesitzes im Knast verbracht hatte, im Bett.

Diese Situation unterschied sich in seiner Struktur in keiner Weise von dem, was ich bisher gemacht hatte, aber weil ich ein mir unbekanntes Gefühl des Vertrauens zu Albert verspürte, schob ich ihn bei dem Versuch, mit mir zu schlafen, nicht rigoros weg.

Stattdessen sprach ich zum ersten Mal in meinem ganzen Leben darüber, dass ich »unten zu sei«, und deshalb mit Albert nicht schlafen könnte.

Ich machte undeutliche Aussagen, ich log, dass ich eine »Operation« gehabt hätte und ähnliches Zeug, weil mir das Ganze so unendlich peinlich war. Albert fragte auch immer wieder nach, aber ich gab ihm keine genaue Auskunft.

Ich war »zu«, und damit basta.

Dass ich darüber gesprochen hatte, dass ich glaubte, wegen körperlicher Missbildung kein männliches Glied in mich aufnehmen zu können, brachte einen Stein ins Rollen. Albert mit seiner unkomplizierten und irgendwie witzigen Art erleichterte es mir.

Als wir das nächste Mal in meinem Bett lagen und ich zu ihm sagte, dass ich nicht mit ihm schlafen könnte, antwortete Albert belustigt: »Das wollen wir doch mal sehen.«

Die Sache an sich war unverantwortlich und auch unangenehm. Wir kannten uns kaum, wir benutzten kein Kondom, und wir waren bis zum Rand betrunken. Aber davon abgesehen geschah etwas, das mein Leben in eine ganz neue Bahn lenkte.

Albert versuchte ein paar Mal, einzudringen, und sagte, dass ich, wie er das einschätzen würde, eine ganz normale Frau sei, aber so total verkrampft, dass ich wirklich wie zugenäht sei.

Das beruhigte mich, und ich entspannte mich ein bisschen, und so kam es dazu, dass ich in der Lage war, Alberts Glied in mich aufzunehmen. Einerseits widerte mich die Situation an, weil ich Albert nicht liebte und er mich im Grunde auch nicht, andererseits war ich erleichtert, dass es auf einmal doch ging.

Ich war tatsächlich in der Lage, ohne einen chirurgi-

schen Eingriff ein männliches Glied in meine Scheide aufzunehmen.

Es war ein Wunder für mich.

Eine absolute Sensation.

* * *

Zu meinem 25. Geburtstag schenkten mir Boris und Walter, die mir auch die Sommerakademie finanziert hatten,
einen Gutschein über die Demoaufnahmen einiger Songs.
Man war auf mich aufmerksam geworden und wollte nun
auch mein musikalisches Talent fördern. Franjo, der eine
eigene Combo hatte und für das Jugendheimcafé die Bands
buchte, sollte die Aufnahmen in seinem Proberaum machen.

Dieser befand sich im Keller einer Grundschule, und
Franjo hatte einen sehr guten Mehrspur-Rekorder, Mikrofone und was man sonst noch brauchte, parat.

Ein paar Wochen später ging es los.

Ich hatte keine Ahnung, wie ich die Aufnahmen zustande bringen sollte und erschien mit mehrstündiger Verspätung, doch Franjo hatte Geduld.

Wir machten ein paar Soundchecks, bis ich mit der Gitarre auf dem Oberschenkel vor zwei Mikrofonen auf
einem Hocker saß. Franjo fragte, was ich aufnehmen wolle, und ich nannte ihm diesen und jenen Titel. Einen eigenen Song hatte ich, die übrigen waren Coversongs.

Wir schafften fünf Titel und waren baff, wie gut sie geworden waren. Franjo ließ eine CD davon machen und
meinte, dass er damit versuchen wollte, Auftritte für mich
zu organisieren.

Ich begann mit einem Konzert vor drei zahlenden Gästen
in einem Club in Dortmund und hangelte mich durch alle

Gigs, die Franjo mir vermittelte, so gut ich konnte. Die Bühnenshow, die ich ablieferte, war grotesk: Sie hatte etwas von einem neunzigminütigen Überlebenstraining mit Zuschauern. Nach den Konzerten betrank ich mich, weil ich mich minderwertig fühlte und die Aufregung, die so ein Konzert in mir verursachte, nicht zu beruhigen wusste.

Die Leute waren sprachlos vor Begeisterung, aber ich suchte, sobald ich die Bühne verlassen hatte, vor dem Lob das Weite. Ich wusste nicht so recht, was ich da eigentlich machte, und hatte auch immer das Gefühl, dass ich die kleine Gage, die ich bekam, oder die sechs Mark Eintritt, die die Zuhörer bezahlten, nicht wirklich wert war.

Ich machte trotzdem weiter.

Auftritt um Auftritt kämpfte ich um meine Identität, und nach und nach veränderte sich meine »Setliste«: Die Coverversionen, mit denen ich versucht hatte, die kreativen Löcher zu füllen, traten mehr und mehr in den Hintergrund. Ich schrieb zunehmend eigene Songs.

Franjo, der nun aktiv an meiner musikalischen Karriere mitarbeitete, erklärte mir bei jeder sich bietenden Gelegenheit, dass ich seiner Meinung nach für die großen Bühnen der Welt gemacht sei, doch ich reagierte darauf mit Abwehr, obwohl ich mir gleichzeitig nichts sehnlicher wünschte, als dass er mit seiner Einschätzung Recht hätte.

Ich konnte mir einfach nicht vorstellen, dass ich eine so gute Musikerin sein sollte, dass ich eines Tages internationalen Erfolg haben würde. Ich spürte, wie viel Arbeit und Schmerz der Weg dorthin bringen würde, und weil mir das Angst machte, tat ich Franjos Ratschläge insgeheim als Unsinn ab.

Zu dieser Zeit begann ich, mit meiner Stimme Aufsehen zu erregen. Ich sang die Angst, aus dieser Welt zu gehen und nicht zu wissen, wofür man gelebt hat. Ich sang die Hoffnung, diesen Lichtstrahl zu berühren, der einen Menschen in die Lage versetzt, am Ende zu sagen, dass er ein Leben geführt hat, das nicht umsonst gewesen ist.

Wenn die Leute mich singen hörten, liefen ihnen Tränen über das Gesicht, und sie sagten mir nach den Konzerten, dass ich es auf jeden Fall »schaffen würde«. Ich solle nicht aufgeben. Eine große Karriere läge vor mir. Ich sei eine außergewöhnliche Stimme, die gehört werden müsse.

Sie merkten es mir an: Ich würde entweder den Ausgang finden oder sterben, und wenn ich den Ausgang finden würde, wäre es nur eine Frage der Zeit, bis mein Gesang um die ganze Welt gehen würde.

Franjo schickte mich immer wieder in Ring. Wenn ich ins Zweifeln geriet, sagte er, dass ich dafür gemacht sei, eines Tages vor vielen Menschen zu singen und dass es ein steiniger Weg sein würde. Ich hörte die Redewendung »steiniger Weg« nicht gerne und fragte lahm nach, was er denn damit meinte, aber wir wussten es beide.

Ich stand ganz am Anfang, ich war 25 Jahre alt und weder in der Lage, ein geregeltes Leben zu führen, noch einen Plan zu entwerfen, geschweige denn, einen Plan zu verfolgen. Nach wie vor verbrachte ich meine Abende in den Kneipen des Stadtviertels, aber es war eine gewisse Bewegung in mein Leben gekommen. Eine Bewegung, die mich antrieb, die mir aber auch Angst einflößte, weil sie so kräftig war, dass ich sie nicht kontrollieren konnte. Ich irrte herum, mal hier, mal da, verzettelte mich und kam aus dem Kerker, der es mir erst ermöglicht hatte, eine solche Musik zu machen, ums Verrecken nicht heraus. Was, wenn ich außerhalb des Kerkers die Musik verlieren würde?! Was, wenn nichts von mir übrig bleiben würde?!

Boris, der Leiter des Jugendheimes, entwarf das erste Infoblatt für mich und vervielfältigte es. Er fragte mich, wie ich »produziert werden wolle« und stellte Kassetten zusammen, auf denen die unterschiedlichste Musik von Frauen zu hören war, damit ich mir eine grobe Richtung aussuchen konnte. Die Musik, die ich mit Franjo aufgenommen hatte, spielte er einem Bekannten vor, der bei Sony arbeitete. Er äußerte sich positiv, doch es war viel zu früh für mich.

In mir war diese quälende, schwelende Krankheit und diese mittlerweile recht ausgeprägte Alkoholsucht, und je mehr Boris versuchte, mich in irgendeiner Weise an die Öffentlichkeit zu bringen, desto mehr verschloss ich mich.

Nach einiger Zeit ließ mich Boris meinen eigenen Weg gehen, weil er wohl erkannte, dass seine Kraft, die er in mich investierte, nur ins Gegenteil umschlug.

Ich hatte ein schlechtes Gewissen, weil ich die Kassetten mit den Musikbeispielen noch nicht einmal in Ruhe angehört hatte.

* * *

Conni und ich waren in eine Sackgasse geraten. Wir versprachen einander Freundschaft und dass wir besser miteinander umgehen würden, um bei der nächsten Gelegenheit der anderen die Schuld für das eigene missglückte Leben in die Schuhe zu schieben. Es war wie verhext, und wir fanden keinen Ausweg. Conni beschimpfte mich, dass es ja wohl das Letzte sei, dass ich nun versuchen würde, ohne sie »groß raus zu kommen«. Nach allem, was sie für mich getan hatte. Sie hätte mir schließlich so geholfen.

Ich konnte ihr nichts entgegnen.

Weiterhin hing ich mit Leuten zusammen, die Drogen nahmen und tranken. Im Sommer lungerten wir im Gervinus Park herum, der sich am anderen Ende des Stadtteils befand und eigentlich ein alter Friedhof war. In Büschen und Ecken standen vereinzelte verkommene Grabsteine, auf denen man die Inschriften kaum noch entziffern konnte; die Gräber waren von vor dem ersten Weltkrieg.

Man traf sich in kleineren oder größeren Gruppen an immer den gleichen Plätzen und hatte seine Ladung Bier dabei, und wenn die Dosen leer waren, ging man zum Kiosk am Parkeingang und kaufte neues, bis die Sonne unterging.

Den wirklich harten Kern aber bildete eine Gruppe von Leuten, die den ganzen Tag auf einem kleinen Hügel verbrachten, auf dem ein paar Holzbänke standen, von denen aus man den Park überblicken konnte.

Von morgens bis abends ließen sie sich volllaufen, grölten herum und wussten nicht, ob Dienstag oder Donnerstag war.

An ein paar besonders aussichtslosen Tagen tat ich das auch: Ich setzte mich einfach auf die obere Kante der Lehne, die Füße auf der Sitzfläche, trank mein Bier und guckte stumpf durch die Gegend. Erst als mir Wolle, ein Typ, bei dem ich öfter herumhing, mit einem Schlag fast die Nase brach, dämmerte mir, dass ich hier auf die falsche Spur geraten war.

10. Kapitel

VERLIERER

Im September 1995 schrieb ich mich an der Universität ein, obwohl ich nicht wusste, wie ich das alles, vor allem finanziell, schaffen sollte. Mir stand weder Sozialhilfe noch Bafög zu. Dann erfuhr ich von meiner Mutter, die meine Schulden bei der Sparkasse in monatlichen Raten von 30 Mark abstotterte, dass ich bis zu meinem 28. Lebensjahr Halbwaisenrente beziehen konnte.

Ich erledigte den nötigen Papierkram und stellte den entsprechenden Antrag, der bewilligt wurde.

Dann klingelte es eines Tages an der Wohnungstür. Claus, den ich nur noch sporadisch sah, hatte mir am Vortag telefonisch mitgeteilt, dass es ihm körperlich nicht gut ging. Seine Mutter war mittlerweile verstorben, und Claus hatte den Entschluss gefasst, sich tot zu saufen. Jetzt stand er vor meiner Wohnungstür.

Er hatte starke Leibschmerzen und fragte, ob er sich auf mein Sofa legen könnte. Er wollte, weil »die ihn dort sowieso nur als Säufer behandelten«, partout nicht ins Krankenhaus.

Ich ging uns beim Chinesen etwas zu essen besorgen, damit er was im Magen hätte, aber Claus bekam gerade mal eine Nudel herunter und krümmte sich vor Schmerzen.

Ich hatte Angst vor der Verantwortung, einen vielleicht sterbenden Menschen in meiner Wohnung zu haben, und obwohl Claus bettelte, dass ich ihn einfach nur liegen lassen sollte, rief ich Tamara an.

Ich erklärte ihr die Situation, und zehn Minuten später brachten wir Claus mit einem Taxi ins Krankenhaus.

Er war ganz selig, dass wir uns mit vereinten Kräften um ihn kümmerten. »Ihr seid ja heute so nett zu mir«, sagte er.

Die Ärzte und Schwestern informierten sich über seine Krankengeschichte und steckten ihn dann wider Erwarten nicht auf die Intensiv-, sondern auf die ganz normale Männerstation, worüber Claus unendlich erleichtert war, obwohl er sagte, dass er dieses Mal die Klinik sowieso nicht lebend verlassen würde.

Tamara und ich verließen das Krankenhaus, und ich versprach Claus, ihn sofort am nächsten Tag zu besuchen, worüber er sich sehr freute.

Am nächsten Tag ging ich nicht zu ihm, und am übernächsten auch nicht. Sollte er seine Suppe doch selbst auslöffeln. Gleichzeitig hatte ich ein schlechtes Gewissen. Ich war ja diejenige, wegen der er so viel Ärger gehabt hatte und die ihm beim Tod seiner Mutter nicht zur Seite gestanden hatte, diejenige, für die er so viel getan hatte ...

Als ich ihn endlich besuchte, hatten sie ihn auf die Intensivstation verlegt. Ich musste meine Hände mit antiseptischem Zeug waschen und einen grünen Kittel anziehen. Obwohl ich gar keine Verwandte war, ließen sie mich, nachdem ich stundenlang in dem kleinen Raum mit den Kitteln und dem Waschbecken gewartet hatte, zu ihm.

Er wurde gerade verkabelt und hatte schon einen Herzkatheter angelegt. Er sagte, »ich habe solchen Durst«, und bat mich, den Pfleger zu rufen, damit er ihm die Lippen benetzte.

Ich blieb ein halbe Stunde bei ihm, und er meinte, »weißt du, Katja, zu sagen, dass man sich tot säuft, ist eine Sache, aber wenn es dann soweit ist, sieht das ganz anders aus«. Er fragte mich, ob ich ihn denn bald wieder besuchen würde.

Ich versprach es ihm.

Als ich das Krankenzimmer verließ, hob er noch einmal den nackten rechten Arm zum Gruß, und das war das letzte Mal, dass ich ihn bei Bewusstsein sah.

Ich rief Tamara an und sagte ihr, dass Claus auf der Intensivstation liegen würde, und am nächsten Tag fuhren wir gemeinsam hin.

Claus hatte nicht gewollt, dass wir seinen Vater benachrichtigten, der ja erst vor kurzem seine Frau verloren hatte. Obwohl Claus, egal ob morgens, mittags, oder abends, ständig eine Fahne hatte, glaubte sein Vater, dass er seit seinem letzten Aufenthalt auf der Intensivstation keinen Alkohol mehr trank. Wir warteten ab in der Hoffnung, dass alles nicht so schlimm kommen würde.

Die Rechnung ging nicht auf.

Als Tamara und ich die Station betraten, berichtete uns ein junger Arzt im Flüsterton, dass es in der Nacht Probleme gegeben hätte und dass er Claus intubieren musste. Tamara und ich nahmen uns an die Hand und gingen auf das Bett zu.

Es verschlug uns die Sprache: Claus lag dort, beatmet mit einem stählernen Tubus in der Lunge, ohne jede Regung und ohne Bewusstsein. Das Beatmungsgerät gurgelte jedes Mal, wenn es Luft in Claus' Brustkorb presste.

Es roch eigenartig, und es sah eigenartig aus. Die Herzfrequenz war auf einem Monitor zu sehen, ein Automat verabreichte die Medikamente, indem er die Spritzen, die in einer Halterung festgeklemmt waren, mittels Hydraulik zusammendrückte, und überall piepste und rappelte es. Ein anderer Apparat spuckte Tabellen und Werte auf Thermopapier aus wie den Kassenbeleg bei Karstadt.

Die Schwestern warfen einen kurzen Blick auf das Thermopapier, dann waren sie auch schon wieder verschwunden.

Tamara und ich standen an dem Bett im gleißend hellen Zimmer ohne Fenster und starrten auf Claus. Sein Brustkorb bewegte sich mechanisch auf und ab, und dadurch, dass er einen mehrere Zentimeter dicken Schlauch im Mund hatte, hing seine Zunge etwas heraus.

Er war bis an den Rand vollgepumpt mit Medikamenten. Sie hatten Claus auf den Bauch gelegt, mit einem dicken Kissen unter dem Kopf, den Kopf zur Seite gedreht, und hinten am Hals sah man große rot-blaue Blutergüsse, die mich sehr erschreckten.

Es ging zu Ende.

Weil ich befürchtete, Claus mit einer nicht erkannten, ansteckenden Krankheit in diese Lage gebracht zu haben, leugnete ich dem Chefarzt gegenüber meine Beziehung zu Claus. Er stellte diese und jene Frage, vielleicht, weil er wissen wollte, ob es für seine Station eine Anzeige wegen fahrlässiger Tötung geben würde; denn warum sich Claus, der zwei Tage zuvor noch einigermaßen munter gewesen war, jetzt plötzlich in diesem Zustand befand, konnte uns niemand so richtig erklären.

Am nächsten Tag empfing mich der jüngere, behandelnde Arzt am Eingang zur Station und fragte mich, ob ich die Telefonnummer des Vaters bei mir hätte.

Sie beatmeten Claus' leblosen Körper nur noch weiter, damit der Vater Abschied nehmen konnte.

Ich rief den Vater und die anderen aus der Clique an und sagte, dass man innerhalb der nächsten 45 Minuten die Beatmungsgeräte abschalten würde.

Dann ging ich zu Claus zurück, stand noch eine Weile

152

am Bett und berührte seine kalte Hand, die sich anfühlte, als sei sie aus Hartgummi.

Nach etwa 30 Minuten hetzte Claus' Vater den Gang entlang. Ich sagte ihm, »es tut mir Leid«, und verließ den Raum.

Sie schlossen die Tür, und als ich außerhalb der Intensivstation auf den Flur trat, rannten mir Tamara und die anderen schon entgegen. Tamara zog sich einen grünen Kittel über und wollte anklingeln, um die Station zu betreten, aber ich erklärte ihr, dass nun niemand mehr außer den engsten Familienmitgliedern zu Claus dürfte.

Tamara reagierte hysterisch und schrie, dass sie doch unbedingt hinein müsse. Eine Schwester kam heraus und versuchte, sie zu beruhigen. Die ganze Clique, die mit uns vor einem Jahr die Wohnung renoviert hatte, stand auf dem Flur, und in diesem Moment ging die Tür von seinem Zimmer auf. Der Vater kam heraus.

Claus war gestorben.

Wir waren erschrocken, und jeder reagierte auf seine Weise. Die Frauen guckten entsetzt, die Männer schimpften und liefen umher. Etwa 30 Minuten später gingen wir, jeweils zu zweit, noch mal hinein und nahmen Abschied vom toten Claus. Ich ging zusammen mit Tamara, die sich ängstlich an mir festklammerte.

Im ersten Moment dachte ich, dass niemand in dem Bett liegen würde. Dann zog die Schwester vorsichtig an dem Laken. Claus' Kopf erschien. Man hatte ihm den Unterkiefer, vermutlich, weil er sonst heruntergehangen hätte, mit einem Streifen Mull an den Kopf gebunden. Auf seiner Stirn thronte ein kleines weißes Schleifchen.

Er lag, abgestöpselt von den lebenserhaltenden Apparaturen, gelb und klein und knitterig da, unter den Augenlidern schimmerte etwas Flüssigkeit, und es war nichts, aber auch gar nichts mehr übrig von dem, was Claus im Leben gewesen war.

Meine naive Vorstellung, dass alles gut werden würde, löste sich in diesem Augenblick in Luft auf.

Es gab Verlierer. Es gab Leute, die so starke Verletzungen hatten, dass sie nicht überlebten. Es gab das bittere Ende, an dem man nichts Gutes mehr finden konnte, außer, man machte sich etwas vor.

Ich schrie.

Claus, der immer Nähe gesucht, aber nichts als Ablehnung gefunden hatte, hinterließ mit seinem Sterben auf der Intensivstation eine tiefe Spur in meinem Dasein.

Conni und einige andere Leute waren unbeeindruckt, schließlich hatte er sich bewusst tot gesoffen, und so gesehen hatte sie auch Recht, dass an seinem Tod nichts Spektakuläres war. Es war so einfach, wie eins und eins zusammenzuzählen: Er hatte getrunken, obwohl man ihm gesagt hatte, dass er früher oder später daran zugrunde gehen würde, und er hatte sich für den Tod entschieden. Basta.

Für mich war die Welt nicht mehr wie vorher. Ich hatte den Menschen, auf den ich gerne mit dem Finger zeigte und von dem ich gerne sagte, dass er sich selbst kaputtmachte, sterben sehen und war auf meine eigene Destruktivität zurückgeworfen. Durch meinen schwammigen Panzer hindurch spürte ich das Leben und die Tragödie, die dahinter stecken konnte.

Wenn ich nur besser zu ihm gewesen wäre, hätte er es bestimmt geschafft, mit dem Trinken aufzuhören. Claus war tot, aber ich spann die abhängige Beziehung weiter und konzentrierte mein Denken und Fühlen darauf, denn das war leichter, als die Verantwortung für mein eigenes völlig aus der Bahn geratenes Leben zu übernehmen.

* * *

Weil Claus die Institution Kirche hasste und keine Gelegenheit ausgelassen hatte, dieses auch in der Öffentlichkeit zu bekennen, organisierten wir einen konfessionslosen Grabredner. Wir trafen uns mit einem Mann, der mit seinem grau-weiß gestreiften Anzug aussah wie einem Lucky-Luke-Comic entstiegen, zum Vorgespräch in Tamaras Wohnung. Die ganze Clique war da, und wir saßen in einer Runde um den großen Wohnzimmertisch. Jeder sagte, was er zu sagen hatte, während Tamara die Führung übernahm, als sei sie Claus' Ehefrau gewesen.

Ich wünschte mir, dass der Organist »Air« von Bach spielen sollte, und der Grabredner machte sich Notizen. Er stellte Fragen, welchen Charakter Claus gehabt hätte, welche guten Taten er vollbracht hatte und wie er gestorben sei. Es waren blöde Fragen, die den Kern der Sache nie berührten. Wir antworteten treudoof, so gut wir konnten, und kamen uns dabei wichtig vor.

Claus wurde eingeäschert, und seine Urne stand, von zwei, drei Kränzen umrandet, in der Totenhalle des Friedhofs. Die Clique hatte auch einen Kranz gestiftet, den ich wegen meiner Beziehungen zu diversen Blumenläden bestellt hatte. Auf der Schleife stand »Für unseren Freund Claus«.

Wir saßen vor der Urne, und ich dachte darüber nach, ob der Kranz das Geld wert sei, denn ich wusste, dass die Blumengeschäfte die Blumen verwendeten, die sowieso nur noch zwei Tage aufrecht standen, weil nach der Beerdigung kein Hahn mehr danach krähte, ob die Blumen auf dem Kranz noch frisch waren oder nicht.

Ich kam mir wegen dieser Gedanken blöd vor. Dann begann die Trauerfeier. Der Organist spielte »Air«, und wir wurden sehr traurig.

Dann trat der Redner ans Pult und begann seine Ansprache.

Wir versanken dem Vater gegenüber vor Scham im Boden, weil es so peinlich war, was der Mann mit dem Zylinder und dem gestreiften grauen Anzug da von sich gab. Es war ein zusammenhangloses Sammelsurium unserer Aussagen, und weil Claus keine guten Taten vorzuweisen hatte, dichtete der Grabredner sich aus einer Nebensächlichkeit, die wir erwähnt hatten, eine zusammen.

Einzig, dass Claus jeden Tag zu seiner sterbenden Mutter gefahren war, um sie zusammen mit dem Vater zu pflegen, entsprach einigermaßen der Wirklichkeit.

Wir schritten hinter der Urne her zum Grab, und Claus wurde, fast genau neun Monate, nachdem seine Mutter verstorben war, im Familiengrab beigesetzt.

Ein paar Tage später lösten wir die vollkommen verdreckte Wohnung auf und verteilten die Sachen, die zu schade zum Wegwerfen waren. Ich nahm die Waschmaschine und die CD »Harbour Lights« von Bruce Hornsby.

_____ 11. Kapitel _____

NACHTWANDERUNG

Mein Alkoholkonsum steigerte sich, und eines Abends machte ich mich vollkommen betrunken auf den Weg zu Albert, um ihn zu besuchen.

Ich kam an diversen Szene-Kneipen vorbei und kippte mir ein paar Bier, bis ich kaum noch gerade gehen konnte. Da ich jedoch an Alkohol gewöhnt war, stand ich noch aufrecht, also lief ich im Regen herum und suchte mein verloren gegangenes Glück.

In diesem Zustand hatte ich schon öfter Unfälle erlitten: Nach einer Party war ich mit einem Herrenrad in einen Blumenkübel gefahren, und das Ergebnis war ein schmerzender Unterkiefer und eine leichte Gehirnerschütterung.

Ein anderes Mal war ich, die Hände und eine Bierflasche in der Känguru-Tasche meines Sweatshirts vergraben, über einen Stapel Pflastersteine gestolpert. Weil ich mich nicht abfangen konnte, fiel ich vorn über und knallte mit voller Wucht in einen anderen Stapel Pflastersteine. Die Kante des obersten Steines traf mich genau zwischen Unterkiefer und Kehlkopf. Die Flasche Bier zerbrach in meiner Tasche, und der halbe Liter ergoss sich über meine Klamotten. Im ersten Moment dachte ich, mein Kehlkopf wäre zerquetscht, aber dann rappelte ich mich auf und schluckte ein, zweimal schmerzhaft. Ich torkelte, verärgert über die Pflastersteine, nach Hause und fiel ins Bett.

157

Glücklicherweise hatte ich mir die Hände nicht aufgeschlitzt.

An diesem Abend musste ich relativ lange laufen, denn Albert wohnte direkt gegenüber vom RWE, und immer, wenn ich nach der dritten Mahnung meine Stromrechnung bar an der Kasse der RWE-Verwaltung einbezahlte, damit man mir den Strom nicht abstellte, kam ich an Alberts Bleibe vorbei.

Albert wohnte zur Untermiete bei einem Kumpel, der eine Werkstatt für Möbel betrieb.

Man ging durch eine Toreinfahrt in den Innenhof, und wenn man sich umdrehte, schaute man genau auf Alberts Balkon, denn sein kleines Zimmer mit Kochgelegenheit befand sich direkt über der Einfahrt.

Auf gleicher Höhe mit Alberts Zimmer lag die Wohnung des Werkstattbesitzers, der dort mit seiner Frau und seiner deutschen Dogge lebte.

Zu Alberts Zimmer gehörte der Balkon neben der Terrasse des Vermieters. Vom Innenhof aus führte eine Treppe ungefähr vier Meter hoch zu dieser Terrasse.

Die Treppe war mit Blumenkübeln und Stahlketten und sonstigem Kram für jeden sichtbar gesperrt, denn der Vermieter wollte, dass die Terrasse nur von seiner Wohnung aus begehbar war.

Bei Albert war alles dunkel, doch ich hatte keine Lust, mitten in der Nacht wieder umzukehren. Ich rechnete mir aus, dass ich die Treppe hochsteigen, über die Terrasse des Vermieters gehen, über das Wellblechvordach des Werkstatteingangs robben und von da aus den einen Meter bis zur Alberts Balkon überspringen könnte. Es sah etwas waghalsig aus, wie ich fand, doch in Wirklichkeit war es lebensgefährlich. Nach einigem Abwägen dachte ich, scheiß der Hund drauf, und kroch zwischen den Sachen, die die Treppe blockieren sollten, hindurch.

Ich stapfte die regennasse glitschige Treppe hinauf und ging über eine Fläche, die mit Kieselsteinen ausgelegt war. Es knirschte sehr laut, und zum ersten Mal kam mir der Gedanke, dass ich jemanden aufwecken könnte.

Ich hangelte mich am Geländer entlang, dann stand ich auf der Terrasse von Alberts Vermieter direkt vor der Glastür zum Wohnzimmer.

Drinnen war alles dunkel. Ich stolperte herum und versuchte, einen sicheren Halt auf dem regennassen Wellblechdach zu finden. Ich entschied, dass es doch keine so gute Idee gewesen war, über den Balkon in Alberts Zimmer einzusteigen, zumal er gar nicht zu Hause war, und wollte lieber wieder umkehren.

In diesem Moment ging im Wohnzimmer das Licht an.

Eine Sekunde später riss der Hausherr, der auf seiner Terrasse einen Einbrecher vermutete, die Glastür auf. Seine Dogge, die hinter der Türe gewartet hatte, flitzte an ihm vorbei und hechtete auf mich zu. Ich machte einen schnellen Schritt nach hinten und stand wieder auf dem Wellblechdach, das nun knirschend nachgab.

Der Vermieter hielt einen Baseballschläger in der Hand, aber ich hatte Glück im Unglück: Die Dogge erkannte mich und stoppte auf Armeslänge entfernt vor mir, dann senkte sie den Kopf und schnüffelte ein bisschen an mir herum. Der Vermieter erkannte mich nun auch im Dunkeln und nahm seinen albernen Schläger wieder hinunter.

Er wurde richtig ärgerlich und fragte, ob ich noch alle Tassen im Schrank hätte, hier nachts auf seiner Terasse herumzuschleichen.

Seine Frau kam jetzt auch heraus, sie trug ein Nachthemd und beruhigte ihn, weil sie wohl Mitleid mit mir hatte. Ich sah reichlich schräg aus mit meinem nassen Klamotten, und als ich etwas zu meiner Entschuldigung vorbringen wollte, stellte ich fest, dass ich nur noch lallen konnte.

Sie ließen es gut sein, der Vermieter, seine Frau und seine Dogge, und ein paar Minuten später ging ich wieder zurück, wie ich gekommen war.

An der nächsten Straßenecke setzte ich mich auf einen Mauervorsprung und brach in Tränen aus. Wie war ich in eine solch missliche Lage geraten?

Ich war immer noch sehr betrunken und wusste nicht mehr, wie ich in diesem Zustand nach Hause kommen sollte.

Ein Mann in einem Auto hielt an und fragte, was mit mir los sei. Ich stammelte etwas, dann brachte er mich mit seinem Auto bis vor meine Haustüre.

Am nächsten Tag brauchte ich ein paar Stunden, um die vergangene Nacht zu rekonstruieren. Dann rief ich den Vermieter an, um mich zu entschuldigen, damit Albert keinen Ärger bekam.

12. Kapitel

AUFBRUCH

Mein Leben ging irgendwie weiter. Ich heizte meine Wohnung mit den Holzpaneelen, die ich aus der Deckenverkleidung im Flur riss, hatte sexuelle Kontakte mit Leuten aus der Szene und brachte mich damit in Lebensgefahr, denn ich schlief jetzt richtig mit ihnen, ohne mich dabei per Kondom vor einer Ansteckung mit AIDS zu schützen.

Ich hatte riesige Angst davor, mich zu infizieren, und wenn ich nüchtern war, dachte ich auch viel daran und schämte mich, dass ich so leichtsinnig gewesen war. Wenn ich aber meine Ladung Alkohol hatte, waren die Hemmungen vergessen, und ich schlief mit den Männern, obwohl ich nichts dabei empfand.

Ich bewegte mich 24 Stunden am Tag in Lebensgefahr, ständig brachte ich mich in ernste Schwierigkeiten, aber ich ignorierte es.

Ich hing in den Kneipen herum und im Gervinuspark, arbeitete chaotisch und unkoordiniert an meiner Musik und schob meinen Zustand darauf, dass ich Claus' Tod nicht verkraften würde.

Etwa zu dieser Zeit lernte ich Mareike kennen.

Mareike war ein merkwürdiges Geschöpf. Hochbegabt und sehr fein, war sie gefangen in einem Körper, der nicht zu ihr passte. Sie hatte strohiges rotes Haar und ein Gesicht, das deformiert wirkte. Die Nase war plattgedrückt und die Oberlippe dünn und zur Nase hin verzogen. Sie trug eine Brille und hatte kleine schlechte Zähne.

In so einem Körper zu stecken hatte sie geprägt. Als Kind reicher Eltern ständig darauf bedacht, nichts zu nahe an sich heran zu lassen, glänzte sie durch ihre Disziplin und ihren Fleiß, ihre guten Manieren, an denen man erkannte, dass sie aus gutem Hause stammte. Sie nahm keine Drogen, aber sie war auffällig dünn, und ich hatte später immer den Eindruck, dass sie unter Magersucht litt, was sie jedoch nie bestätigte.

Mareike war dafür bekannt, dass sie ihre Freunde damit nervte, ihnen ständig ein schlechtes Gewissen zu suggerieren, weil sie nicht »nett genug« zu ihr gewesen waren. Ihre Freunde standen trotzdem zu ihr, denn Mareike hatte neben all ihren Ecken und Kanten eine sehr lustige, angenehme und ernste Art. Sie zeichnete hervorragend und wusste sich zu kleiden und zu bewegen. Als Kind hatte sie Ballettunterricht bekommen und ihr Abitur an einem musischen Gymnasium gemacht.

Trotzdem war da dieser stumme Vorwurf, der einem ständig entgegenschlug, wenn sie einen ansah, und diese Aura war sogar auf Fotos zu sehen. Ihre Unsicherheit überspielte sie vor allem Frauen gegenüber mit großer Arroganz.

Ich fühlte mich Mareike etwas überlegen, weil sie so merkwürdig aussah, und sie fühlte sich mir überlegen, weil ich so merkwürdig aussah, und von da an trafen wir uns öfter.

Ich besuchte Mareike zu Hause und bewunderte ihre Zeichnungen. Sie arbeitete auch gerade an einer Bewerbungsmappe für die Universität und wollte Kommunikationsdesign studieren. Wir verstanden uns richtig gut, solange keine männlichen Wesen in der Nähe waren, die so etwas wie einen Konkurrenzreflex bei uns auslösten. Mareike wurde sofort eifersüchtig und irgendwie zickig und gemein, und meine Reaktion war auch nicht viel besser.

Ich hatte meinen Studienplatz und besuchte zunächst die Seminare und Vorlesungen, aber es bereitete mir große Probleme, mit all den Leuten und Anforderungen zurecht zu kommen. Ich trank ja jeden Tag und konnte schlecht früh aufstehen, und so ging ich nach ein paar Wochen nur noch in einen Nachmittagskurs, in dem man Aktzeichnen konnte, so wie man es wollte, ohne dafür benotet zu werden. Wieder war der Druck immens und wieder rannte ich davon.

Meine Zeit in Frohnhausen ging zu Ende, und ich hatte Angst davor. Mit meinen Saufkumpanen hatte ich mich zerstritten, weil ich aus dem Sumpf heraus wollte und die es mir übel nahmen.

Meinen Nachbarn, der seine Kiste Bier draußen auf dem Hof neben meinem Fenster stehen hatte, hatte ich gefragt, ob ich mir ein Bier nehmen könnte, und er hatte es mir erlaubt. Innerhalb weniger Tage hatte ich die ganze Kiste geleert, ohne die Flaschen aufzufüllen.

In meiner Wohnung herrschte Chaos.

Der Kohleofen hatte einen Sprung in der Scheibe, und die ganze Holzverkleidung war inzwischen durch den Kamin gejagt.

Ich hatte mich mit Conni zerstritten.

Ich trank zu viel und konnte damit nicht aufhören.

Ich hatte so viel für einen Studienplatz getan und ließ zum zweiten Mal mein Studium sausen.

Ich hatte mit zu vielen Typen geschlafen und verliebte mich dauernd in Männer, die unerreichbar waren.

Ich hatte das Gefühl, musikalisch und in jeder anderen Hinsicht minderwertig zu sein.

Ich hatte keine Freunde.

163

Ich hatte überall Schulden.

Ich war dick.

Meine Haut war eine Katastrophe. Meine Zähne mittlerweile auch; überall hatte ich Karies und traute mich nicht mehr zu lächeln.

Ich ging ins Badezimmer, nahm eine Schere und überlegte hin und her. Ich hatte schulterlanges, gelocktes Haar, das ich rot gefärbt hatte und immer mit einem Gummiband im Nacken zusammenhielt.

Ich löste den Knoten, setzte die Schere an und schnitt die erste Strähne bis drei Zentimeter über der Haarwurzel ab.

Ich weinte.

Ich nahm die nächste Strähne. Die Haare landeten in der Toilettenschüssel, und als ich aussah wie ein gerupftes Huhn, zog ich die Toilettenspülung, und die Haare verschwanden in einem Strudel im Abflussrohr.

Weil das so bescheuert aussah, blondierte ich mir die Haare, die daraufhin orange wurden, und machte mir mit Seife eine Punkfrisur.

So gerupft und minderwertig bekam ich eine Nachzahlung der Halbwaisenrente von fast 2000 Mark. Doch anstatt das Geld zu investieren, zu sparen oder – noch besser – ein paar Schulden zurückzuzahlen, verjubelte ich es. Ich kaufte mir unsinniges Zeug, und beschloss, mit Mareike für einige Tage nach Prag zu reisen.

Wir fuhren mit einem Busunternehmen, das vom Essener Hauptbahnhof aus fast alle Länder Europas bereiste, zur Moldau. Es war eine Nachtfahrt, und während Mareike die ganze Zeit mit den Füßen auf meinem Sitz selig schlummerte, machte ich vor Nervosität kein Auge zu.

Die meiste Zeit dachte ich daran, wie ich an Bier kommen und was ich tun sollte, wenn ich kein Bier bekam, und wie ich mich rechtfertigen sollte, wenn Mareike miterlebte, dass ich jeden Tag Bier trank. Die anderen Gedanken drehten sich darum, wie ich meine malträtierte Haut verstecken sollte, wenn wir zusammen im Doppelzimmer schliefen.

Im Morgengrauen erreichten wir Prag und fanden in einer Studentenabsteige, ähnlich den britischen Hostels, eine billige Unterkunft in einem Vier-Bett-Zimmer mit Wasch- und Kochgelegenheit. Wir checkten die Unterkunft und gingen dann in die Altstadt, um etwas von Prag zu sehen.

Ich fühlte mich insgesamt sehr angeschlagen, und an diesem ersten Tag in Prag bekam ich die erste Angstattacke meines Lebens.

Schon auf der Brücke, die über die Moldau führte, spürte ich eine gewisse Verwirrung und die Unfähigkeit, mich auf das Gespräch mit Mareike zu konzentrieren, aber ich verheimlichte es, weil ich nicht wusste, wie ich es erklären sollte. Wir liefen ein bisschen umher, vorbei an Souvenirläden und anderen Touristen, und bald konnte ich keinen klaren Gedanken mehr fassen. Es war einfach zu viel.

Begünstigt durch den Schlafentzug, brach die abgrundtiefe Angst und Trauer, die ich immer versuchte, in meinem Inneren zu verschließen, heraus.

»Mir geht es nicht gut«, sagte ich zu Mareike, und sie fragte, warum, aber ich konnte ihr keine Antwort geben. Wir setzten uns in ein Café und bestellten etwas, aber das machte es nur noch schlimmer. Meine Verwirrung war so groß, dass ich nicht mehr imstande war, die Speisekarte zu lesen. »Ich bin übermüdet«, sagte ich zu Mareike, »am liebsten möchte ich mich hinlegen.« Mareike verstand zwar nicht, was vor sich ging, aber sie war immer sehr hilfsbereit, und so begleitete sie mich zum Hostel, wo ich

165

mich auf mein Bett legte und nach einigen Minuten, in denen sich meine Atmung beruhigte, tief und fest einschlief.

Als ich nach ein paar Stunden erwachte, fühlte ich mich besser, und bis zum Ende des Urlaubs trat keine Panikattacke mehr auf. Aber von dem Tag an nahm ich ein permanentes Gefühl der Bedrückung wahr, das ich vorher immer verdrängt hatte.

Ich hatte Angst.

* * *

Mareike und ich hatten schon vor unserem Ausflug beschlossen, eine WG zu gründen, und sie überredete noch einen ihrer Freunde, Malte, bei uns mitzumachen. Ich kannte ihn nur vom Sehen und dachte nicht darüber nach, was es bedeutete, mit einem Alkoholproblem, einem Essproblem und einem Hautproblem unter einem Dach mit zwei anderen Leuten zu wohnen.

Wir fanden eine 120-Quadratmeter-Wohnung direkt im Bahnhofsviertel. Sie hatte zwar kein Badezimmer, aber der Vermieter bezahlte uns eine Pumpdusche zum Einbauen, und dafür gehörte zu meinem Zimmer ein verglaster Wintergarten. Es waren riesige Zimmer mit echtem Parkettboden. Vorher waren es Büroräume gewesen, und dieses Ambiente verlor die Wohnung auch nie. Weiß der Himmel, wieso der Vermieter diese Räume als WG-Wohnung vermietete, vielleicht, weil er dann eine recht hohe Miete kassieren konnte, obwohl sich direkt am Haus der Straßenstrich befand, was er uns beim Einzug natürlich verschwieg.

Von meinem Fenster aus konnte ich am Straßenrand die jungen Frauen sehen, die auf Freier warteten. Es waren zum Teil Frauen, denen man nicht ansah, welchem »Geschäft« sie nachgingen, aber auch Drogenabhängige, bei denen die Krankheit nicht zu übersehen war. Sie standen herum und stiegen in die Autos der Männer, und eine halbe Stunde später standen sie wieder da.

Innerhalb unserer WG versuchte ich mich so gut es ging zu verstecken. Ich schlich über den Flur, um auf dem Weg zum morgendlichen Makeup-Ritual nicht erwischt zu werden, und vermied es, mit Mareike und Malte zu frühstücken. Sie sagten nichts, aber es lag eine merkwürdige Stimmung zwischen uns.

Oft ging ich spät in der Nacht noch zur Tankstelle, um mir Bier zu kaufen.

Ich war dazu übergegangen, mir die Haare millimeterkurz zu schneiden, sodass die Kopfhaut durchschimmerte. Es war meine Art, meinen Schmerz zu zeigen, denn reden konnte ich darüber nicht. Die Leute sprachen mich darauf an, warum ich mich so verstümmelte, aber ich reagierte darauf mit Trotz.

Ich dachte, dass sie im Grunde nur zu feige seien, ihren eigenen Schmerz offen zu zeigen.

Dadurch, dass ich Kontakt zu Leuten hatte, die nicht so kaputt aussahen wie ich, kam etwas in mir in Bewegung. Ich wollte auch wieder akzeptabel aussehen.

Monatelang sprach ich immer wieder davon, dass ich zum Zahnarzt gehen müsste, und Mareike erzählte mir immer wieder, dass es zwar unangenehm ist, aber besser, als überhaupt nicht hinzugehen. Dann drückte sie mir die Telefonnummer ihres Zahnarztes in die Hand. Ich hatte riesige Angst und spann albtraumhafte Geschichten, was alles auf dem Behandlungsstuhl passieren würde.

Mit Malte guckte ich nachmittags um drei immer Raumschiff Enterprise. Malte mochte mich, weil ich ihn in Ruhe ließ, während Mareike jeden Abend zu ihm in sein Zimmer kam und ihn so lange nervte, bis er sich Zeit für sie nahm.

Mareike studierte fleißig. Die Aufnahmeprüfung für Kommunikationsdesign hatte sie auf Anhieb bestanden und glänzte durch Leistung. Malte machte das Nötigste an der Uni, um klarzukommen, und ich hatte längst das Handtuch geworfen, blieb aber als Studentin eingeschrieben.

So ging der Sommer, Herbst und Winter 1996 dahin. Wir lebten unser Leben, Mareike bändelte mit Malte an, und ich regte mich darüber auf, dass sie ihre sexuellen Angelegenheiten irgendwie vor mir versteckten. Es gab Streitereien deswegen, die uns immer weiter auseinander brachten. Ich trank und kam nicht auf den Gedanken, dass ich ein schwerwiegendes Problem haben könnte, obwohl ich es im Unterbewusstsein spürte. Jeden Abend trank ich mein Bier, und wenn ich voll davon war, sprach ich über meinen Vater und dass es so schrecklich wäre, wie er gestorben sei.

Im Frühjahr 1997 erzählte mir Malte, dass seine Mutter an einem Trauerseminar teilgenommen hatte und es für sie eine gute Erfahrung gewesen sei. Er fragte mich, ob ich mich nicht auch einmal darüber informieren wolle, wie ich den Tod meines Vaters besser verarbeiten könnte.

Im ersten Augenblick war es mir peinlich, aber es nahm mir letztlich eine Menge Druck, dass er sah, dass ich Probleme hatte, und mich darauf sehr freundlich ansprach.

Ich ließ mir eine Broschüre von dem Verein schicken, der die Trauerseminare in regelmäßigen Abständen abhielt. Das Seminar hatte den Namen »Sich trauen zu trauern«.

Die angebotene Methode, Trauer zu verarbeiten, basierte auf der Annahme, dass in unserer Kultur Rituale, die das Trauern erleichtern, praktisch nicht mehr vorkommen. Man schluchzte nicht mehr in der Gruppe der weiblichen Verwandten, wenn jemand gestorben war, sondern trauerte still in sich hinein, ohne seine Gefühle zu zeigen. Während des Seminars sollte mittels bestimmter Rituale ein aktiver Trauerprozess in Gang gesetzt werden.

Ich hatte Angst davor, mit anderen mir unbekannten Menschen an so etwas teilzunehmen, aber eine innere Stimme sagte mir, dass es der richtige Weg für mich war. Ich meldete mich an, ohne das nötige Geld dafür zu haben, und ließ es auf mich zukommen.

Das Trauerseminar dauerte übers Wochenende und begann am Freitag mit einem Einstimmungsabend.

Die Seminarleiterin hieß Helga, war knapp über 60, wirkte aber viel jünger und setzte die Arbeit ihres Mannes fort, der vor einigen Jahren verstorben war und vorher diese Methode der Trauerbewältigung entwickelt hatte. Sie erzählte den Teilnehmern am Anfang des Seminars ihre Geschichte, um zu verdeutlichen, wie ernst es um sie gestanden hatte. Der Mann war griechischer Abstammung gewesen und hatte auf dem Sektor »Rituale« auf fundierten Hintergrund zurückgreifen können. Seine Methode entwickelte sich schnell zum Geheimtipp. Dann verstarb er plötzlich, und zurück blieb Helga, seine Frau, die vor Kummer fast zugrunde gegangen war. Sie war alkoholabhängig geworden und stand eines Tages am Scheideweg: Sollte sie resignieren und sterben oder kämpfen und leben. Sie wusste, dass sie einen harten Weg würde gehen müssen, heraus aus dem Windschatten ihres starken erfolgreichen charismatischen Mannes, der die ganzen Jahre im Licht der Bewunderung gestanden hatte und sie nun allein zurückließ. Sie entschied sich, zu kämpfen, und lernte, neu im Leben zu stehen. Sie lernte, die Arbeit ihres Mannes weiterzuführen, und gab nun die Trauerseminare auf der Grundlage dessen, was ihr Mann erarbeitet hatte.

Die Gruppe bestand aus sieben Leuten, von denen alle auf ihre Art und Weise sehr schwer zu tragen hatten. Es ging nicht nur um Trauer in dem Sinne, dass man gerade einen nahestehenden Menschen verloren hatte, sondern um Trauer in vielen Formen, und so sehr wir uns auch unterschieden, so sehr waren wir doch durch diesen Schmerz vereint.

Eine junge Frau in meinem Alter war unheilbar an Krebs erkrankt. Sie trauerte um den Verlust ihrer Lebensperspektive. Eine andere Frau hatte zuerst ihren Mann durch eine Krankheit verloren, dann hatte sich ein halbes Jahr später die einzige Tochter selbst getötet. Eine Frau trauerte um den Verlust ihrer Identität. Ihr war nach fast 30 Ehejahren klar geworden, dass sie das Leben ihres Mannes gelebt hatte, nicht aber ihr eigenes.

Und da war ich: Mit einer Glatze und einem unübersehbaren Problem, und ich war als Erste angekommen am Freitagnachmittag.

Nach der Vorstellungsrunde in einem großen Raum eines Seminarhauses in Düsseldorf erklärte uns Helga, dass uns klar sein muss, dass dies ein »geschützter Raum« ist. Das bedeutet, dass man sich öffnen kann, ohne befürchten zu müssen, dass die anderen einen verletzen.

Helga erklärte, dass wir viel mit Musik arbeiten würden: verschiedene Gefühle würden wir mit Musikinstrumenten umzusetzen versuchen, und wir würden in der Gruppe gemeinsam tanzen. Außerdem sollte es eine Sequenz geben, in der wir unsere jetzige Situation bildlich darstellen konnten.

Als ich hörte, dass wir zusammen tanzen sollten, wollte ich schreiend herausrennen. Nie und nimmer würde ich mit wildfremden Menschen zusammen tanzen und singen.

Ich hatte immense Angst davor, jemandem nahe zu sein und meine Trauer zu zeigen. Die Trauer, die ich so lange in mich eingeschlossen und mit Alkohol betäubt hatte und die mich mir selbst so sehr entfremdet hatte. Ich wusste schon gar nicht mehr, wen ich ansah, wenn ich in den Spiegel schaute. Ich wusste nicht mehr, ob die Identität, die ich hinter meiner Maske vermutete, überhaupt noch existierte.

Aufgeregt und verunsichert fuhr ich nach Hause.

Ich hatte mich in Bewegung gesetzt. Ich sah Hoffnung am Horizont meines Daseins, auch wenn ich nicht hätte sagen können, worin diese bestand.

Ich hatte mich auf den Weg gemacht. Ich würde Licht in das Dunkel meines Lebens bringen.

Weil ich mich vor dem fürchtete, was auf mich zukam, verschlief ich am Samstag und redete mir ein, dass es jetzt zu spät sei, um noch nach Düsseldorf zu fahren.

Ich fuhr trotzdem und kam mit fast einstündiger Verspätung an. Helga war erst etwas irritiert, zeigte dann aber doch Verständnis und nahm mich in die Gruppe auf, die bereits gemeinsam gefrühstückt und mit dem Seminar begonnen hatte.

Wir setzten uns in einem Kreis auf den Teppichboden. Vor uns lagen alle möglichen Instrumente: Tamburine, Schellen, Rasseln, Flöten, Trommeln aus Afrika ... Wir sollten vier Gefühle musikalisch darstellen, und ich erinnere mich lediglich an eines: WUT.

Ich nahm einen Holzblock, auf den man mit einem Schlegel hauen konnte. Ich schlug auf das Holz und spürte einen Schwall von Wut in mir aufsteigen. Ich schlug immer fester und unkontrollierter und traf dabei meine Hand, und es tat weh. Dann nahm ich eine Flöte, und die Wut auf Conni fand ihren angemessenen Ausdruck: Ich blies in die Flöte, so fest ich konnte, sodass nur noch Obertöne herauskamen. Dabei äffte ich Conni nach, wie sie möglichst schnell und möglichst kompliziert Töne aus ihrem Saxofon herausquälte. Ich wusste gar nicht, wie groß meine Wut auf diese Frau war, die ständig die unmöglichsten Ziele für sich absteckte und von ihren Freunden erwartete, dass sie mitmachten. Die immer meine Lieder benutzte, um selber gut zu singen. Die mich ständig wegen anderer Projekte stehen ließ und mich, sobald ich einen einzigen Schritt ins freie, selbstständige Arbeiten machen wollte, mit den Worten »Du willst wohl groß raus kommen!« beschimpfte.

Ich hatte genug! In diesem Augenblick, als ich die Flöte blies und meine Kraft spürte, wusste ich, dass ich es mir nicht länger gefallen lassen würde.

Dann kam die Runde mit dem Tanzen: Helga hatten einen Ghettoblaster mitgebracht und ein paar Musikkassetten, die sie für das Seminar zusammengestellt hatte. Sie erklärte uns den Tanzschritt: Man fasste sich bei den Händen im Kreis und machte den Pilgerschritt – zwei Schritte vor und dann, in einer wiegenden Rückwärtsbewegung, einen Schritt zurück. Es sollte symbolisch verdeutlichen, dass innere Arbeit keine lineare Linie ist. Dass Rückschritte dazu gehören.

Ich überwand die Scham, mich zu den anderen in den Kreis zu stellen, und ließ mich an den Händen fassen. Helga stellte die Musik an. Es war wie ein Wunder.

Es waren Stücke von Geoffrey Oryema und Peter Gabriel.

Ich fühlte mich wie zu Hause angekommen. Sie spielte Musik von Peter Gabriel, und wir tanzten dazu langsam im Kreis an einem sonnigen Nachmittag.

Wir machten eine Pause, bevor es ans Eingemachte ging: Wir sollten zuerst ein Bild über unsere derzeitige Lebenssituation malen, daran schloss sich eine Gesprächsrunde an. Man sollte der Gruppe gegenüber etwas über sich erzählen.

Ich malte eine Flasche, die am Hals blockiert war und in deren Bauch Chaos wütete. Über den Flascheneingang setzte ich ein großes Fragezeichen.

In der Gesprächsrunde erzählten die Teilnehmer über ihre Trauer und brachen in Tränen aus. Ich hatte Angst davor, Gefühle zu zeigen, und verkrampfte mich. Als ich an der Reihe war, erklärte ich mein Bild. Ich sprach von dem Tod meines Vaters und wie ich hilflos danebengestanden hatte; über Claus, dem ich auch nicht helfen konnte, und dann begann ich zu weinen.

Mit der ersten Träne wurde ein Sturzbach von Emotionen freigesetzt. Ich konnte nicht mehr weiter sprechen. Helga kam zu mir und streichelte mir beruhigend über die Schulter. Da bist du so überfordert gewesen, sagte sie.

Ein Tür hatte sich mir geöffnet, durch die helles strahlendes Licht in meine Dunkelheit strömte. Ich war nicht mehr allein. Die Tür stand sperrangelweit auf, und als ich am Samstagabend wieder zu Hause angekommen war, hörte ich das Lied von Geoffrey Oryema und Peter Gabriel, das ich auch auf einer Kassette hatte.

Am Sonntag ging das Seminar zu Ende, indem wir unseren Schmerz symbolisch ins Feuer warfen. Wir schrieben die Eigenschaft, die wir an uns hinderlich für unsere Gesundung ansahen und loswerden wollten, auf ein Stück Papier und warfen es reihum in ein Feuer, das Helga in einem kleinen Metallbehälter entzündet hatte. Vor dem Behälter lag ein großes Kissen, auf das man sich, die Unterschenkel untergeschlagen, setzen sollte, während man seinen Zettel dem Feuer übergab und noch mal laut aussprach, von was man sich trennen wollte.

Ich hatte auf meinen Zettel notiert, dass ich damit aufhören wollte, immer über meine Situation zu jammern, ohne etwas zu ändern.

Ich las den anderen vor, was ich geschrieben hatte, warf den Zettel ins Feuer und weinte.

Nach dem Seminar ging ich mit Johannes, dem einzigen männlichen Teilnehmer, und seiner älteren Bekannten Marta zum Ufer des Rheins. Die Sonne schien.

Marta hatte mehrere Krebstumore im Kiefer und Mundraum gehabt, und nachdem ihr in schweren Operationen der halbe Kiefer und alle Zähne samt den Tumoren entfernt worden waren, erkannte sie, dass es die Worte waren, die sie sich verkniffen hatte, die den Krebs verursacht hatten. Sie gab jetzt auch Kurse, in denen sie anderen Menschen half, zu sich selbst zu finden. In der Straßenbahn auf dem Weg nach Hause erzählte sie mir, dass sie sich lange nicht getraut hätte zu lächeln, bis sie sich ein neues Gebiss hatte machen lassen, das fast wie echt aussah. Sie sprach mir damit direkt in die Seele, denn ich hatte ja auch so viel Angst zu lächeln wegen meiner schlechten Zähne.

Ich spürte, dass ich sehr weit von mir selbst entfernt war, weiter als die anderen, und sie spürten es auch. Sie fühlten mit mir, aber sie sagten mir auch, ohne Worte, dass ich diesen Weg würde gehen müssen.

Wir verabschiedeten uns, und zum ersten Mal seit langer Zeit freute ich mich auf den nächsten Tag und das, was kommen würde.

_____ 13. Kapitel _____

ANGST

Einige Tage lang fühlte ich mich, als sei ich am offenen Herzen operiert, aber nicht wieder zugenäht worden. Mein Herz bumperte der Welt entgegen, und ich freute mich so darüber, endlich wieder einen Lichtstrahl am Horizont zu sehen. Gleichzeitig fühlte ich mich aber auch etwas verunsichert, denn Helga hatte mir nicht gezeigt, wie ich die Wunde, die nun offen lag, wieder schließen könnte.

Um mir Mut zu machen, hörte ich die Kassette mit dem Stück aus dem Seminar an, aber ich spürte, dass meine Hoffnung mit jedem Tag, an dem ich auf mich selbst zurückgeworfen war, kleiner wurde.

Ich dachte mir noch, dass es in diesem aufgewühlten Zustand keine so gute Idee sei, mit Walter auf eine Konfirmandenfreizeit zu fahren, doch ich hatte schon vor Wochen zugesagt und wollte nun keinen Rückzieher machen.

Auf dieser Freizeit, die im direkten Anschluss an das Trauerseminar stattfand, zerstritt ich mich bis aufs Blut mit Walter, dem Pfarrer. Ich verabscheute seine Art, mir zu vermitteln, dass wir befreundet seien, obwohl er gleichzeitig so tat, als würde ihn nichts wirklich berühren, was uns anging. Die Jugendlichen beschwerten sich bei mir, dass Walter während des Unterrichtes nur die Antworten zuließ, die in sein Konzept passten. Während der Freizeit begannen die Kids, zu meutern, aber anstatt den Konflikt auszutragen, stellte Walter ihnen ein paar erlassene Unterrichts-

175

stunden in Aussicht, damit sie klein beigaben. Das war also Walters Pädagogik.

Wir stritten uns so sehr, dass er mich vor meiner Haustür einfach aus dem Wagen warf, obwohl sich noch Gepäck von mir in seinem Kofferraum befand.

Vor der Wohnung stellte ich fest, dass sich der Schlüssel in meiner Tasche in seinem Auto befand. Von einer Nachbarin aus telefonierte ich mit Walter, der mir meine Sachen mit den Worten brachte, dass ich mir mal über mein Verhalten Gedanken machen sollte.

Schon auf der Treppe vor der Wohnung war ich in Tränen ausgebrochen, aber als ich dann alleine in meinem Zimmer saß, überkam es mich.

Etwas in mir brach für immer zusammen.

Ich zitterte und weinte drei Tage lang, bis ich mich wieder fing. Meinen Bekannten erzählte ich, ich hätte einen Zusammenbruch erlitten, aber nun ginge es mir etwas besser.

Auf der einen Seite fühlte ich mich mir selbst näher, auf der anderen Seite im höchsten Maße verunsichert und schwach. Immer öfter überwältigten mich Angstgedanken, über denen ich die ganze Nacht wachlag und die zum Inhalt hatten, ob ich nun ein schlechter Mensch sei, der den anderen Verderben bringt, oder nicht.

Dieser positive Schub nach dem Trauerseminar, dieses Gefühl, »ich werde es schon schaffen«, war verschwunden, und an dessen Stelle schlich sich abgrundtiefe Todesangst.

Zielsicher, aber unwissend bewegte ich mich auf jenen Punkt hin, an dem ich mich würde entscheiden können zwischen leben oder sterben, und je näher ich diesem Punkt kam, desto stärker hielt ich mich an der Musik fest.

Ich machte einen Termin bei Mareikes Zahnarzt und ging tatsächlich hin. Es war mir sehr unangenehm, dass ich noch keine 30 war und schon so schadhafte Zähne hatte, und diese Scham war an sich schlimmer als die Angst vor der eigentlichen Behandlung. Ich sprach mit dem Zahnarzt über meine Ängste, und der beruhigte mich, dass er da schon ganz andere Sachen gesehen hätte. Er begutachtete mein Gebiss und erklärte mir, dass die Behandlung etwa drei Monate in Anspruch nehmen würde. Dann erlöste er mich von dem schwarzen Fleck am rechten unteren Schneidezahn, der mich jeden Tag im Spiegel gemein angeschaut hatte.

In den darauf folgenden Monaten nahm ich meine Zahnarzttermine wahr und distanzierte mich, oft auf sehr schmerzhafte Weise, von allen Leuten, die ich kannte, um zu mir selbst zu finden. Ich sagte nein, als Conni plötzlich von mir verlangte, dass ich mit ihr eine Platte aufnehmen solle.

Nur mein Kontakt zu Franjo hielt nach einem kurzen, heftigen Streit der Veränderung, die sich in meinem Wesen vollzog, stand. Er ließ mich gewähren und sagte immer zu mir, »jede deiner Entscheidungen wird richtig sein, denn es ist deine Entscheidung und dein Leben«. Er gab mir lediglich den Rat, an meinen Songs weiterzuarbeiten und auf das, was andere Leute dazu sagten, keinen Pfifferling zu geben. Ich sollte meinen eigenen Weg gehen.

Ich lieh mir von Malte einen Drum-Computer, einen Gitarrenverstärker und einen 4-Spur-Rekorder. Meine Ideen waren gut, aber mir fehlte das nötige Durchhaltevermögen, um die Stücke fertig auszuarbeiten. Tauchte ein Problem auf, bekam ich Angst davor, die Hürde nicht zu schaffen, und ließ die Arbeit fallen.

Ich spielte Franjo meine angefangenen Ideen vor, und

er fand sie auch gut, meinte aber, dass man daran noch arbeiten müsste. »Daran arbeiten« – das war mir schon zu viel. Ich baute mein kleines Studio wieder ab und verstaute die Bänder mit den Aufnahmen in einem Schuhkarton.

* * *

Die Angst vor Krankheit und Ansteckung wechselte in meinem Inneren langsam und unaufhaltsam ihre Position. Sie bewegte sich aus dem Unterbewusstsein, dem Dunkel heraus und in mein Bewusstsein hinein. Obwohl sie unerträglich war, konnte ich diese Angst nicht mehr dauerhaft auf ihren Platz im Dunkeln zurückverweisen. Sie brach heraus, immer öfter überfielen mich Attacken, die mir den Atem nahmen und in mir eine große Verwirrung hervorriefen. Ich spürte, dass ich etwas würde ändern müssen, aber ich wusste nicht, wie ich es anstellen sollte. Ich war mittlerweile 27 Jahre alt, und ich war noch nie bei einer Gynäkologin gewesen. Ich konnte das Wort »Geschlechtskrankheit« nicht aussprechen; genauso wenig wie das Wort »Scheide« oder etwas Ähnliches.

Der Druck wurde immer größer. Einerseits wurde mir klar, dass meine Situation real und bedrohlich war, andererseits wusste ich jedoch nicht, wie ich die Angst überwinden sollte, um handlungsfähig zu werden.

Ich steckte fest zwischen dem Gestern und Morgen, zwischen Angst und Hoffnung, zwischen Gut und Böse.

Ich schlief nicht mehr und bekam Probleme mit dem Essen. Vorher hatte ich auch nicht regelmäßig geschlafen, aber nun aß und schlief ich tagelang überhaupt nicht mehr. Ich kam nicht zur Ruhe. Meine Reise hatte begonnen, aber ich wusste nicht, wohin ich gehen sollte.

Noch einige Male trat ich mit meinem Soloprogramm auf, aber auch meine Konzerte wurden nun zunehmend schwieriger. Die Leute wollten mich so nicht haben: so kurz geschoren, so am Ende meines Lateins, so fertig mit meinen Nerven. Sie waren zwar angetan von der Intensität, die ich auf der Bühne ausstrahlte, aber auch abgestoßen von der Ahnung dessen, was sich in mir abspielte. Ich stand im Zwielicht und erschien den Leuten zwielichtig. Sie erwarteten jemanden, der ihnen Antworten gab, und sahen eine Person, die keine Antwort wusste, sondern um ihr eigenes Leben rang.

Ich fand keinen Halt. Die Auftritte schleppten sich dahin, und es tat sich keine wirkliche Perspektive in meinem Leben auf. Ich wusste, dass ich mich bewegen musste, um nicht zugrunde zu gehen, ich wusste, dass mein Leben eine einzige Katastrophe war, aber ich wusste nicht, wie ich es ändern sollte.

Bis zu jenem Tag, als ich den Weg fand.

TEIL DREI
ZURÜCK ZU MIR

_____ 1. Kapitel _____

DU BIST NICHT ALLEIN

Wie unzählige Male zuvor ging ich die Straße in der Innenstadt hinunter, vorbei am Bahnhof und der Hauptpost und vorbei an dem kleinen Platz, hinter dem das Burggymnasium lag. Es war die kopfsteingepflasterte Einkaufsstraße meiner Heimatstadt, wo ich als Kind nach der roten Wollmütze meiner Mutter Ausschau gehalten hatte. Ich hatte an diesem Platz mein misslungenes Schulpraktikum in der Hinterzimmer-Galerie absolviert und Harald kennen gelernt. Mit Leuten aus der Kalei-Clique hatte ich mich hier verabredet, bevor wir dann freitags loszogen, aber mir war nie aufgefallen, dass dieser Platz nur existierte, weil sich dahinter eine alte Kirche befand.

An diesem Tag ging ich hinein.

Ich traute meinen Augen nicht. Drinnen war es dämmerig, und die Luft roch nach Weihrauch. Kerzen brannten, und nicht wenige Menschen saßen still zum Gebet. Seit meiner Firmung vor 13 Jahren befand ich mich zum ersten Mal wieder in einer katholischen Kirche. Mit meinem ganzen Körper erinnerte ich mich an die Verbundenheit, die ich als kleines Mädchen gespürt hatte, wenn ich vor dem Kreuz gesessen hatte. Ich erinnerte mich, dass ich aus Angst, man würde sich über mich lustig machen, niemandem von dem Gefühl erzählte, das ich hatte, wenn ich nach dem Gottesdienst aus meiner Bank heraustrat, um mich noch einmal vor dem Kreuz zu verbeugen, während der Organist das Schlusslied kraftvoll zu Ende brachte.

So viel Zeit war seitdem vergangen. So vieles in meinem Leben war aus dem Ruder gelaufen.

Ich setzte mich in eine der Bänke und senkte meinen kahlgeschorenen Kopf. Eine vollendete, alles tragende Liebe berührte mein Innerstes, und diese Berührung war unmissverständlich.

Ich begann leise zu weinen. Der fast 90-jährige Priester kam mit einem Glockenschlag herein, gefolgt von zwei Messdienern in rot-weißen Gewändern. Die Abendmesse hatte begonnen. Der Priester predigte über den Aussätzigen, der durch Jesus geheilt wurde, weil Jesus ihn nicht wegschickte, sondern ihn berührte. Ich fühlte mich so aussätzig, so isoliert, dass ich dafür überhaupt keine Worte mehr fand. Ich versuchte, die Tränen, die über mein Gesicht liefen, mit dem Jackenärmel wegzuwischen, doch es waren zu viele. Ich ließ sie laufen.

Als die Kommunion ausgeteilt wurde, gingen viele Leute nach vorne und stellten sich in einer Reihe auf, um das Brot entgegenzunehmen. Ich konnte nicht aufstehen.

Ich war in meiner Zuflucht angekommen, aber ich war trotzig. Ich dachte mir, es wäre vielleicht unmodern, auch aufzustehen, irgend so einen idiotischen Gedanken hatte ich, der mich an meiner Bank festnagelte, während ich so gerne nach vorne zu den anderen gehen wollte. Ich wollte nicht mehr abseits sein. Ich wollte dazugehören.

Die Orgel spielte meditative Musik, unglaubliche Bassläufe bahnten sich einen Weg in die Mitte meines Herzens, und ich weinte noch stärker. Mir liefen die Tränen in Strömen die Wangen hinunter. Mein Makeup klebte verschmiert in meinem Gesicht. Es war mir egal. Ich kämpfte gegen diese Blockade an, die mich daran hinderte, aufzustehen. Ich wusste, dass diese Chance nicht wiederkehren würde. Wenn ich mich jetzt dafür entschied, sitzen zu bleiben und die Kirche am Ende zu verlassen, als ob nichts gewesen wäre, was mich zutiefst berührt hatte, hätte ich meine Chance, zum Leben zu finden, vertan.

Ich stand auf.

Ich stand auf und ging so, wie ich aussah, nach vorne zum Priester, der die Hostien austeilte. Die Bewegung, die man als Kind lernt, um die Hostie zu empfangen, hatte ich nicht vergessen. Ich aß das Brot.

Noch lange, nachdem die Messe vorbei war, blieb ich in der dämmrigen Kirche sitzen. Etwas hatte sich in mir verändert, das nicht mehr rückgängig zu machen war. Ich fühlte mich von Gott angenommen, egal in welchem Zustand ich mich befand und egal, welche Vergangenheit hinter mir lag. Gott akzeptierte mich so, wie ich war, und es war der Lichtblick, an den ich in der hintersten Ecke meines Bewusstseins immer geglaubt hatte.

Ich erkannte, dass ich handeln musste, ich sah, dass ich nicht mehr das kleine 10-jährige Mädchen war, das hilflos und verantwortungslos der Welt gegenüberstand. Ich war 27 Jahre alt. Ich war, so kam es mir vor, der einsamste Mensch der Welt, und ich spürte, dass Gott bei mir sein würde, was auch immer passieren musste, damit ich die Wahrheit über mich finden konnte.

Von diesem Tag an besuchte ich jeden Tag die 17.30 Uhr-Messe, und zuerst konnte ich mich nicht hinknien, wie die anderen. Ich war nicht bereit, meine Knie zu beugen, und es dauerte Wochen, aber eines Tages überwand ich mich.

Eine schwere Last fiel von meinen Schultern. Ich war kleiner und unbedeutender als Gott. Es gab Gott, der die Dinge im Verborgenen regelte. Ich erkannte, dass ich nicht die Aufgabe hatte, den Lauf der Dinge zu verantworten, sondern die Verantwortung, mich für den Lauf der Dinge zu öffnen.

Ich hielt mich an Gott fest, und er hielt mich. Ich ging durch dieses Jammertal mit der Gewissheit, Licht am Ende des Tunnels zu sehen. Ich hörte auf, durch die Kneipen zu ziehen und mit fremden Männern ins Bett zu gehen. Ich war sogar dazu entschlossen, die Musik aufzugeben, sollte es nötig sein, um zu mir zurückzufinden. Ich war mir zu dieser Zeit nicht sicher, ob es mir gelingen würde, ein gesundes Leben zu führen und trotzdem Musik zu machen. Ich wusste es nicht, weil meine Musik in der Isolation entstanden war. Ich wollte nicht mehr isoliert sein. Ich ließ die Musik, an die ich mich so geklammert hatte, los.

Etwas, das ich nicht für möglich gehalten hatte, geschah: Meine Songs nahmen Struktur an. Ich schrieb »a look around« und bewegte mich langsam auf eine ganz neue Ordnung hin, indem ich den Schmerz in meiner Seele annahm.

Ich spürte den Schmerz, und er war gewaltig. Oft weinte ich vor dem Kreuz und schöpfte große Kraft und Selbstsicherheit aus dem Gefühl, mit Gott verbunden zu leben. Ich begann, die Kirchenlieder aus voller Kraft mitzusingen, und mein Blick auf die Menschen veränderte sich. Zwar fühlte ich mich immer noch alleine, ohne Kontakt zu anderen Menschen, aber ich war in Kontakt zu Gott und damit in der Lage, in Kontakt zu mir selbst zu kommen.

2. Kapitel

THE REAL WORLD

In einer Zeitschrift hatte ich einen Bericht über REAL WORLD, das Studio von Peter Gabriel in der Nähe von London, gelesen, und ich hatte mir in den Kopf gesetzt, dorthin zu reisen. Ich spürte, dass ich mich trotz meiner abgrundtiefen Angst in Bewegung setzen musste. Ich musste eine Antwort finden, egal welche.

Im August 1997 hatte ich 500 Mark zusammen und machte mich auf den Weg. Der Zug fuhr direkt vom Essener Hauptbahnhof bis Ostende, von da ging eine Fähre über den Ärmelkanal. Dann reiste ich mit dem Zug weiter nach London.

In London übernachtete ich, für 40 Mark inklusive Frühstück, in einer Absteige mit roten Flauschteppichen und den miesesten Zimmern, die ich je gesehen hatte. Aus dem Zeitungsartikel wusste ich, dass ich weiter nach Bath musste, und nahm den nächsten Bus, der dorthin fuhr. Dort angekommen, informierte ich mich bei einer alten Dame, die mir erklärte, dass man den Bus X37 nehmen müsste bis zum kleinen Dörfchen Box, etwa 15 Minuten außerhalb von Bath.

Ich wartete auf den nächsten Bus X37 und wurde langsam nervös. Was sollte ich machen, wenn ich angekommen war? Würde ich die Studios besichtigen dürfen? Würde ich jemanden Bekanntes sehen? Peter Gabriel?

Der Bus bog um die Ecke. Ich stieg ein und genoss die

Fahrt mit dem grünen Doppeldecker, der auf der Landstraße mit dem Dach an den unteren Ästen der Bäume entlang kratzte. In Deutschland würden sie den Ast absägen, dachte ich und fand England ganz wunderbar.

Rechts fuhren wir an einer kleinen Kirche vorbei, die auf einem klatschgrünen Hügel lag. Der Pfarrer fuhr gerade mit einem Ford aus den 70er-Jahren den Weg zur Hauptstraße hinunter. Ein alter Friedhof. Die Grabsteine standen einfach auf dem Hügel herum.

Wir hielten mitten auf der Landstraße vor einer graubraunen Steinmauer, die mit Moos bewachsen war. Ich erkundigte mich in einem kleinen Lebensmittelladen nach dem Studio von Peter Gabriel, und der Verkäufer guckte mich etwas schräg an, was auch kein Wunder war: Ich hatte ein schwarzes Tuch wie einen Turban um den Kopf gebunden und sah von den letzten Monaten ziemlich ausgezehrt aus. Ich hatte fast 15 Kilo Gewicht verloren. Meine Ausrüstung bestand aus einem abgewetzten Bundeswehr-Schlafsack, einem tannengrünen Rucksack und natürlich meiner Gitarre im Kunstlederetui. Der Verkäufer musterte mich, während er mir mit englischer Höflichkeit antwortete und sich gleichzeitig die Frage zu stellen schien, ob das Studio von Peter Gabriel in Zukunft noch mehr solche Typen wie mich in das kleine Dörfchen locken würde.

Ich ging mit meinem Gepäck weiter auf das Studio zu, das sich laut Aussage des Ladenbesitzers nur wenige hundert Meter entfernt befand. Am knallroten Postamt sollte ich links abbiegen.

Ich war nun ziemlich nervös und fragte mich das erste Mal, ob ich noch alle Tassen im Schrank hatte. Mir nichts, dir nichts mit einen paar Hundert-Mark-Scheinen nach England zu fahren und Gott-weiß-was zu erwarten ...

Der Feldweg machte eine Rechtskurve, und dann stand ich vor einem Gebäudekomplex aus hellem, rot-braunem

Mauerwerk. Ich hatte so lange davon geträumt, einmal mit Peter Gabriel Musik zu machen, und jetzt erkannte ich, dass ich im realen Leben Lichtjahre davon entfernt war. Ich hatte noch nicht mal eine Demokassette dabei und bislang nur ein, zwei Titel einigermaßen sauber aufgenommen. Ich dachte an die Bilder in den Musikzeitschriften, die in Hochglanz und seitenweise über dieses Studio und das dazugehörige Weltmusik-Label berichteten. Hier war alles ganz normal. Ich sah im Empfangsbüro ganz normale Assistentinnen sitzen, die an ganz normalen Schreibtischen ihre ganz normale tägliche Arbeit verrichteten.

Dies war nicht das Paradies oder die Antwort auf meine Fragen. Dies hier war ein ganz normaler Studiobetrieb mit ganz normalen Tagespreisen und Leuten, die mit den Besten der Welt zusammenarbeiteten und diesem Anspruch auch gewachsen waren.

Was, um Himmels willen, hatte ICH hier verloren?

Ich schlich von der anderen Seite über den Parkplatz und ging einmal um das Gebäude herum. Hinten befand sich der Glasfenster-Komplex mit dem großen Regieraum. Wenn sich jemand dort am Mischpult aufhielt, dann konnte er genau auf die kleine Holzbrücke blicken, auf der ich mit meinen Sachen stand und angestrengt durch die Gegend guckte.

Es begann zu regnen, und ich wusste nicht, was ich tun sollte. Ich stapfte zurück und betrat geradewegs das Empfangsbüro. Ein paar Frauen saßen dort und telefonierten, eine starrte mich erschrocken an. Ich erklärte ihr, dass ich von weit her gekommen sei, und fragte, ob es möglich sei, die Studios von innen zu besichtigen.

Sie war sehr höflich, verneinte aber auch sehr bestimmt.

In meinem Inneren herrschte Sturm. Die ganze weite Reise umsonst? Ich war den Tränen nahe. Die Dame sagte noch einmal, dass es ihr wirklich Leid täte, aber es kämen viele Besucher, und man wollte nicht damit anfangen, sie alle in die Studios zu lassen.

Sie schenkte mir den Real-World-Sampler von 1996 und schaute mich etwas mitleidig, aber freundlich an. Ich bedankte mich dafür und ging hinaus. Ich steckte die CD in den Rucksack und schaute noch mal auf die Außenfassade der Studios.

Jemand mit einer weißen Boxershorts und einem gelb-schwarz gemusterten Hemd, eine kleine Tasche unter den linken Arm geklemmt, ging direkt an mir vorbei. »Hello«, sagte er.

Ich blickte auf und erkannte den Mann nicht gleich, der nun ein paar Mal nickte und mich anlächelte. Dann schaute ich genauer hin. Es war Peter Gabriel. Ich war zu erstaunt, um zu reagieren. Peter ging weiter, während ich mich keinen Millimeter vom Fleck bewegte. Er drehte sich noch einmal um und gab mir, in dem er mir aufmunternd zunickte, die Gelegenheit, wenigstens den Gruß zu erwidern. Ich brachte nur ein geröcheltes »grulgh« heraus.

Dann schlenderte Mr Peter Gabriel, meine Hoffnung auf Rettung, in Richtung Studio davon.

Ich sah ihm nach, bis er hinter einer der Türen verschwunden war.

Ich schluckte, drehte mich zum Empfangsbüro um, streckte meinen Finger aus und zeigte auf die Studios.

That was Peter Gabriel!!!

Ich jubelte ein bisschen.

Einer Assistentin im Büro wurde es nun zu bunt. Wahrscheinlich fürchtete sie, ich würde ihm hinterher rennen und ihn belästigen – so wie ich aussah. Sie kam heraus und rief, dass ich nun wirklich gehen müsste.

Ich sagte, »okay«, schulterte ganz langsam meinen Krempel und verließ das Gelände.

Ich konnte es nicht fassen, als ich mein Zeug die Straße hinauf schleppte. Peter Gabriel hatte mich begrüßt, und ich hatte nichts geantwortet. Ich blieb stehen, schaute zurück und überlegte, ob ich noch einmal zurückgehen sollte. Doch ich wusste, dass es Unsinn war, jetzt dort mein Glück zu suchen, und so ging ich weiter bis zur Landstraße.

Meine Enttäuschung war groß in diesem Augenblick. Ich konnte mich kaum beherrschen, so frustriert war ich von dem, was passiert war. Ich ging in die nächste Kneipe, an deren Tür ein Schild hing, dass Zimmer zu vermieten seien. Am Tresen posaunte ich herum, dass die bei Real World ja wirklich unfreundlich wären, sie hätten mich schließlich nicht in ihre Studios gelassen. Der Wirt entgegnete, dass er kein Zimmer für mich frei hätte, und ich stolperte zurück auf die Straße. Jetzt war ich auch noch wütend auf diesen Barkeeper.

Es war mittlerweile 17 Uhr, und ich hatte noch keine Bleibe für die Nacht. Ich fuhr nach Bath zurück, fragte mich zum Youth Hostel durch und bekam ein Bett in einem 12-Personen-Schlafraum.

Zwei Tage verbrachte ich noch in Bath, redete mit zwei anderen Jungs, die ich kennen lernte, stundenlang über das, was ich in Real World erlebt hatte und beruhigte mich langsam. Am Abend vor meiner Abreise sahen wir uns zusammen den Mr. Bean-Film an, und zum ersten Mal seit Monaten lachte ich aus vollem Hals mit all den anderen Leuten im Kino.

_____ 3. Kapitel _____

RÜCKKOPPLUNG '97

Im September 1997 fiel mir ein Plakat für den Bandwettbewerb »Rückkopplung 1997« ins Auge. Den Namen fand ich irgendwie treffend, und so verschickte ich, zum ersten Mal in meinem Leben, eine Kassette mit eigenen Stücken.

Ich nahm die drei besten Titel von den fünf, die ich mit Franjo aufgenommen hatte.

Eine Jury würde darüber entscheiden, ob man an dem Präsentationskonzert teilnahm, bei dem die Preisträger ermittelt wurden.

Ein paar Wochen später bekam ich die Nachricht, dass ich ausgewählt worden war. Es war eine Sensation für mich.

Ich hatte etwas aus eigener Kraft entschieden, war ein Risiko eingegangen und hatte etwas erreicht.

Das Konzert fand Ende Oktober in den Flothmann-Hallen statt. Die Preisträger erhielten einen Studiotag, und zwei Titel jedes Gewinners würden auf einer Sampler-CD mit einer Auflage von 5000 veröffentlicht.

Es waren rund 300 Zuschauer in der relativ großen Halle, und die Stimmung war lau.

Auf den Solokonzerten, die Franjo mir vermittelte, hatte ich immer das Gefühl, ein gewisses Bild, das der Veranstalter von mir hatte und für das er mich gebucht hatte, erfüllen zu müssen, und auch wenn ich während der Konzerte in der Musik versank, blieb in mir immer der Eindruck zurück, nicht »ich selbst gewesen zu sein«. In den Flothmann-Hallen bei dem Bandwettbewerb war ich eine unter vielen, die den Weg nach draußen suchten, die ein Sprungbrett brauchten.

Ich stellte meinen Leuchtglobus auf die dunkle Bühne, spielte 20 Minuten lang und gab mein Bestes.

Am Ende stand ich mit den anderen vier Preisträgern zusammen auf der Bühne, die Urkunde in der Hand, und war sehr glücklich. Die Frau, die mir das Schriftstück überreichte, war total aus dem Häuschen von meiner Performance und wünschte mir strahlend und händeschüttelnd alles, alles Gute, und sie sei davon überzeugt, dass ich es schaffen würde. Ich war glücklich, weil diese Frau es ehrlich meinte, und später, wenn es schwierig wurde, dachte ich oft an ihre Worte zurück, um mir Mut zu machen. Es war mein größter Erfolg bis dahin.

Meinen Studiotag verbrachte ich in holzvertäfelten Räumlichkeiten mit 70er-Jahre Ambiente bei einem Typen, der Horst hieß. Ich hatte mich einigermaßen gut vorbereitet, die Stücke geübt und mir vorgenommen, statt zwei Titel vier zu schaffen, damit ich ein besseres Demo hatte als die Aufnahmen mit Franjo, die etwas schwammig klangen. Ich hatte mittlerweile ja auch ein paar schöne Stücke zusammen, die es noch nicht auf Band gab.

Horst, der Herr der Knöpfe, war ein wirklich lahmer Typ, der mir zeigen wollte, dass er mich nun wirklich für nichts Besonderes hielt. Er saß, während ich versuchte, die Songs zu spielen, am Mischpult und las demonstrativ die Zeitung, drehte total übertrieben und unmotiviert irgendwelche Schwachsinnseffekte auf meinen Gitarrensound und meinte dann, dass das ja jeder »Gitarrist von der Straße« besser machen würde. Den halben Tag lang spielte ich nun schon gegen seine idiotische Abwehr an und war den Tränen nahe.

Ich ließ es darauf ankommen, dass der Studiotag flachfiel, denn ich hatte nichts zu verlieren, und stellte Horst zur Rede. Ich erklärte ihm, dass ich so etwas nicht nötig hätte – obwohl ich es nötig hatte – und dass ich jetzt nach Hause fahren würde, wenn er weiter so mürrisch und unwillig wäre.

Horst überlegte kurz und dachte sich wahrscheinlich, dass er dann auch kein Geld für den Tag von den Veranstaltern des Wettbewerbs oder zumindest Ärger bekäme, und da schaltete er dann doch lieber. Er engagierte sich ein bisschen und blockierte meine Musik nicht mehr.

Schließlich hatte ich vier Titel auf Band, die ich mit nach Hause nehmen und als Demokassette vervielfältigen konnte. Es waren »how time can slip«, »end of the road«, »what the bird said« und »i moved a mountain«.

Am Abend dieses Tages war ich am Ende meiner Kräfte, aber glücklich.

—————————— 4. Kapitel ——————————

MATHILDE

Mit Mareike redete ich seit Wochen kein Wort mehr, und ich zog die Konsequenzen. In der Mittwochsausgabe der Tageszeitung war eine Wohnung »für Musiker geeignet« inseriert. Ich ließ mir einen Besichtigungstermin geben und fuhr hin. Die Mathildenstrasse lag in einem schönen Stadtteil mit vielen alten Häusern. Die Nr. 12 war hundert Jahre alt, hatte mit Holzboden, hohen Decken und riesigen Fenstern ausgestattete Apartments und einen kleinen verträumten Garten, in dem die Rosen blühten. Der Vermieter war ganz nett, und ich bekam die Wohnung, obwohl seine Frau, die auch zur Besichtigung gekommen war, davon nicht begeistert war. Das erste Mal in meinem Leben hatte ich keine Bruchbude, sondern zwei schöne Zimmer in einem schönen Haus.

Dort wohnten nur Musikstudenten, und den ganzen Tag fiedelte und flötete es aus allen Ecken. Meine anfängliche Freude über die Musiker schlug bald ins Gegenteil um. Unter mir wohnte eine sehr bizarre junge Dame, die mit einem Schnuller im Mund von zehn Uhr morgens bis zehn Uhr abends Geige spielte, und über mir eine eigenartige Person, die Querflöte übte. Da ich sehr viel zu Hause war, nervte mich das Gedudel bald so sehr, dass ich mit der Geigenspielerin Streit bekam.

* * *

Ich fiel nun immer häufiger einfach um und zitterte. Ich hatte viel Gewicht verloren, und während die Musik mich stark genug werden ließ, um meiner Wahrheit ins Auge zu sehen, hatte es nun keine Wirkung mehr, wenn ich versuchte, mittels der Musik meine Geheimnisse zu verdrängen.

Ich war auf dem Weg, ob es mir nun passte oder nicht. Langsam gelangten auch die Szenen aus meinem Kinderzimmer hinter der Decke im Etagenbett an die Oberfläche, aber ich wusste absolut nicht, was ich davon halten sollte. Die Intervalle zwischen den Tagen, an denen ich einfach bewegungsunfähig in meinem Bett lag und keinen Bissen mehr herunterbekam, wurden immer kleiner. Ich erholte mich nicht mehr, und nun sprachen mich auch Leute darauf an, was mit mir los sei. Ich stritt meinen schlechten Zustand nicht mehr ab und gab zu, dass mit mir etwas nicht in Ordnung war.

All die Jahre hatte ich mir eingeredet, dass meine dauernde Qual und Bedrückung wichtig für mich seien, um kreativ zu sein, doch eines Morgens erkannte ich, dass ich mir damit etwas vorgelogen hatte. *Es hatte keinen Sinn, so zu leiden.* Für mich nicht, für Gott nicht und für niemanden sonst. Mir wurde schlagartig klar, dass ich etwas unternehmen musste, wenn ich eine Chance haben wollte, zu überleben.

Ich schlug die Gelben Seiten auf und suchte unter P wie Psychotherapeuten. Ich kreuzte ein paar Nummern an, bevor ich auf die etwas größere Anzeige eines Herrn D. stieß, der sich auf Sexualprobleme spezialisiert hatte.

Ich hatte Herrn D. gleich persönlich am Telefon, als ich die Nummer wählte.

Herr D. fragte, was mir meiner Ansicht nach fehlen würde, und ich antwortete: »Ich kann das nicht genau sagen, aber ich vermute, dass es etwas mit meiner Sexualität zu tun hat, und diese Beschwerden wirken sich mittlerweile negativ auf mein gesamtes Leben aus.« Er fragte: »Was für Beschwerden sind das denn genau?«, und ich antwortete, ich sei total unfähig, meinen Alltag selbstständig zu bewältigen, und hätte mittlerweile auch starke Alkoholprobleme.

Herr D. wollte wissen, ob ich suizidgefährdet sei, aber das verneinte ich. Er sagte, eine Stunde kostet 120 Mark, und die Krankenkasse bezahlt die Sitzungen bei ihm nur in Ausnahmefällen. Er sei zwar Diplom-Psychologe, gehöre aber nicht zu den »anerkannten« Psychologen.

Er gab mir einen Termin für den übernächsten Tag und forderte mich auf, einen »emotionalen Lebenslauf« zu schreiben, damit er einen Überblick darüber bekäme, was mit mir los sei.

Herr D. war sehr freundlich und sachlich und schickte mir zusammen mit seinen Bedingungen bezüglich der Kosten für eine Sitzung eine Fotokopie von einem Gedicht von Ralph Waldo Emerson. Als ich das Gedicht in der Hand hielt, wusste ich, dass ich an die richtige Adresse geraten war. Jemand, der mir so einen Text als Begrüßung zu einer psychologischen Teststunde schickte, konnte nicht verkehrt sein.

Ich begann mit dem Lebenslauf und stellte fest, dass ich gerade noch sagen konnte, wann ich mein Abitur gemacht und was ich in den vergangenen zwölf Monaten erlebt hatte. Ansonsten sah ich nur ein Chaos vor mir, dessen Ausmaß so immens war, dass ich den Deckel der Kiste, in die ich hineingesehen hatte, schnell wieder schloss.

Ich schrieb meinen Lebenslauf und ließ das Wichtigste einfach weg: das, worum es zu dieser Zeit am meisten für mich ging: das Gefühl, geschlechtskrank zu sein. Ich ließ diese entscheidende Information einfach unter den Tisch fallen und hoffte, mich irgendwie durchmogeln zu können.

197

Kurz bevor mein falscher Lebenslauf fertig war, gab die Schreibmaschine den Geist auf.

Damit bekam ich eine zweite Chance, die Wahrheit zu sagen. Ich schrieb den ganzen Lebenslauf noch einmal mit der Hand, und im zweiten Anlauf schaffte ich es: Ich schrieb, für andere sichtbar, auf, dass ich das Gefühl hatte, geschlechtskrank zu sein, mich aber nicht traute, zu einem Arzt zu gehen.

Mit blieb die Luft weg, so fertig war ich über diesen Schritt, der so ungeheuerlich war, dass er alles übertraf, was ich mit meinen 28 Jahren bisher geschafft hatte.

Am nächsten Tag zog ich allen Ernstes einen Minirock und hohe Schuhe an. Herrn D.s Stimme hatte mich an Udo erinnert, und in mir entstand ein Bild von einem Mann, den ich hoffte, verführen zu können. Es war idiotisch, und ich wusste, dass ich mit diesem Verhalten wieder meinen eigenen Weg sabotierte, aber ich konnte nicht anders.

Ich stakste mit zitternden Beinen zur Praxis, stand mit schwitzigen Händen vor der Tür und klingelte. Ich hörte Schritte, die Tür wurde geöffnet.

Vor mir stand ein Mann mit einer Glatze, der einen Kopf kleiner war als ich, und in diesem Augenblick wusste ich, dass mein blödes Versteckspiel ein Ende haben würde. In meinem Gesicht stand die Enttäuschung über seine mickrige Erscheinung.

Ich setzte mich auf das Patientensofa. Herr D. gab mir eine Tasse Tee und stellte eine kleine Uhr auf den niedrigen Tisch, von der man ablesen konnte, wie viel Zeit von seiner Sitzung vergangen war. Daneben stellte er eine Packung Kleenex-Tücher.

Ich konnte mich kaum auf das konzentrieren, was er sagte, weil ich immer Angst hatte, dass sich die Stunde, für die ich bezahlen musste, nicht lohnen würde, weil Herr D. nur die Zeit totschlug, ohne mir dabei wirklich zu helfen. Herr D. bemerkte das und sprach mich darauf an, und danach ging es mir etwas besser.

Herr D. erklärte mir auch, dass er grundsätzlich nicht mit Psychopharmaka arbeiten würde, weil er der Ansicht sei, dass man den Leuten helfen solle, indem man Licht in ihre Lebensgeschichte bringt und sie dabei unterstützt, ihren eigenen Weg zu gehen, anstatt ihre Angst und Verwirrung mit Medikamenten zu blockieren. Er war auch der Ansicht, dass Alkoholismus keine Krankheit ist, die für sich selbst steht, sondern ein Symptom für etwas, das viel tiefer unten in der Seele des Menschen liegt. Der Mensch, der Alkohol trinkt, versuche das, was unten liegt, zu betäuben.

Was Herr D. sagte, gab mir viel Sicherheit, und es leuchtete mir ein. Ich fasste Vertrauen zu diesem Mann, der mir am Anfang wenig überzeugend erschienen war.

Herr D. fragte mich, was ich um Himmels willen gedacht hätte, als er mir die Tür geöffnet hatte. Ich antwortete, dass ich dachte, dass er Frauen gegenüber Komplexe hätte wegen seiner Körpergröße und seinem fehlenden Haar und dass ich deshalb Angst hatte, dass er mich schlecht behandelte.

Herr D. meinte daraufhin, dass er selten jemanden in seiner Praxis erlebt hätte, der so offen sei wie ich.

Dann ging es an meinen Lebenslauf. Ich spürte, wie die Angst in mir hochstieg. Herr D. ging den Lebenslauf durch, und weil ich nicht in der Lage war, meine Probleme offen auszusprechen, gab ich ihm auch den Lebenslauf, in dem das Wort »geschlechtskrank« nicht vorkam, und erklärte ihm, dass sich die beiden dadurch unterschieden, dass in dem einen etwas vorkäme, in dem anderen aber nicht. Da es bis auf das Wort »geschlechtskrank« keine

Sätze gab, die nicht übereinstimmten, hatte Herr D. schnell die entsprechende Zeile gefunden.

Er sah mich still an, und in dem Moment begann ich zu weinen.

* * *

Nach der Sitzung lief ich einige Stunden ziellos durch die Stadt. Dann stand ich vor einer Arztpraxis, die am Mittwochnachmittag geöffnet hatte, und ging, ohne zu überlegen, hinein.

Ich wartete, bis ich an der Reihe war, und sagte dem Arzt, dass ich Angst vor einer Untersuchung hätte, bei der ich mich ausziehen müsste. Der Arzt nahm mir etwas Blut ab und horchte meinen Puls ab. Ich hatte das Gefühl, dass mein Blut verseucht war, aber die Werte waren alle ganz normal, und der Arzt meinte, dass mir wegen meiner Beschwerden ein Psychologe helfen müsste.

Ich hatte Aufwind, ich war davon überzeugt, dass ich es schaffen würde. Nur eine Sitzung hatte ich gebraucht und war sofort zum Arzt gegangen!

Jetzt musste ich die Gynäkologin schaffen.

In dieser zuversichtlichen Einstellung vereinbarte ich zunächst einen Termin bei einem anerkannten Psychologen, den mir meine Mutter empfohlen hatte. Von ihm wollte ich mir die Bescheinung für die Krankenkasse besorgen, dass ich Hilfe brauchte. Dann würde die Krankenkasse vielleicht die Sitzungen bei Herrn D. bezahlen.

Am Freitagmorgen saß ich im Wartezimmer und war guter Dinge. Ich fand die Atmosphäre sehr merkwürdig, weil die Sprechstundenhelferinnen so jung waren und weil im Wartezimmer ein Kaffeeautomat stand, an dem man sich, ohne zu bezahlen, bedienen konnte. Ich fragte mich, ob es die richtige Strategie sei, die hilfesuchenden, oft von Unrast geplagten Patienten mit Kaffee zu versorgen.

Ich hatte entschieden, dass ich auf keinen Fall mit Psychopharmaka behandelt werden wollte, denn ich teilte Herrn D.s Meinung, dass nur Aufklärung weiterhelfen konnte, und jemand, der mir in schwierigen Situationen klar zu Seite stand. Medikamente würden mir letztendlich nur schaden.

Ich saß im Wartezimmer und dachte über den Kaffeeautomaten und die Sprechstundenhilfe nach und darüber, wie viel angenehmer es ist, die Person, der man sich anvertrauen soll, direkt in der Praxis vorzufinden. Bei Herrn D. gab es kein Wartezimmer, er machte einem direkt die Tür auf, und es gab auch keine Sprechstundenhilfe, die einen distanziert abschätzend anglotzte, wenn man am Freitagmorgen zur Sitzung kam.

Eine andere Patientin gesellte sich zu mir. Sie war furchtbar unruhig, nahm sich einen Kaffee und erklärte mir, dass es ihr schon viel besser gehe, seit sie bei Dr. M. in Behandlung sei. Die Sprechstundenhilfe rief sie auf und verlängerte ihr Psychopharmaka-Rezept, ohne dass die Frau mit dem Doktor gesprochen hatte.

Am Telefon plauderte die Sprechstundenhilfe mit einer anderen Patientin über die Tragweite ihrer Krankheit, als wenn es etwas wäre, über das man sich mal eben bei geöffneter Tür zum Wartezimmer mit der Helferin unterhält. Der Tonfall der Frau zeigte mir, dass sie selbst gerne die Macht gehabt hätte, Medikamente zu verteilen und Diagnosen zu erstellen.

Irgendetwas stimmte hier nicht, obwohl das Schild, das draußen am Haus hing, den Mann, der die Praxis führte, als anerkannten Nervenarzt auswies, und mit jeder Minute, die ich in dem sterilen blass grün verkleideten Wartezimmer verbrachte, verflog meine positive Stimmung.

Der Arzt ging durch den Flur und sprach kurz mit seiner Helferin, bevor er wieder in einem der beiden Behandlungszimmer verschwand. Er trug eine schwarze Jeans und ein schwarzes Hemd und sah aus wie ein Hollywood-Star mit seiner Sonnenbankbräune. Nur die Ringe unter den Augen verrieten, dass er vielleicht seit längerer Zeit nicht mehr so gut schlief.

Der Mann behandelte im Pingpong-Verfahren: Während ein Patient in einem Behandlungsraum wartete, sprach der Arzt im anderen Zimmer etwa 20-30 Minuten mit dem anderen Patienten, und so ging das den ganzen Tag über.

Ich war an der Reihe und betrat das Behandlungszimmer, das mich an einen Schuhkarton erinnerte. Die Einrichtung war typisch: Regale mit abwaschbarem weißen Furnier, auf denen dicke Fachbücher in Reih und Glied wie ein Alibi herumstanden, ein großer teurer schwarzer Chefsessel und ein kleines Stühlchen an der Wand.

Ich hörte, wie der Arzt im Nebenzimmer laut wurde. Die Patientin, die sich, wie ich mitbekam, darüber beschwerte, dass sie von ihrem Mann schlecht behandelt wurde, musste sich anhören, dass sie endlich mal lernen sollte, sich durchzusetzen. Einige Augenblicke später kam die Frau mit gesenktem Kopf und weinend aus dem Zimmer und huschte an mir vorbei. Vermutlich holte sie sich gerade an der Rezeption ihr neues Rezept ab, das ihre nervöse Unruhe dämpfen sollte. Und vermutlich erzählte sie am nächsten Freitag den anderen Patientinnen im Warteraum, dass es ihr schon viel besser gehe.

Ich schaute auf meine Notizen und legte mir die Sätze zurecht, die ich brauchte: Mein Problem war, dass ich es nicht fertig brachte, zur gynäkologischen Untersuchung zu gehen und dass ich das mit Hilfe von Herrn D. endlich zumindest aussprechen konnte.

Außerdem zog ich es in Erwägung, die Therapie, die ich

benötigte, bei Herrn D. zu absolvieren, aber ganz sicher wäre ich mir dessen nicht.

Dann kam Doktor M. ins Behandlungszimmer, musterte mich kurz und fragte, weshalb ich gekommen sei. Während ich antwortete, ging mehrmals das Telefon.

Herr M. hörte mir überhaupt nicht zu. Er fragte mich weder, wie alt ich bin, noch, was ich bisher gemacht hatte. Ich fühlte mich ausgeliefert und hatte Angst. Weil er mir nicht zuhörte, wurde ich immer aufgeregter und verlor den Faden.

Ich brachte den Satz »Ich konnte mich nach 28 Jahren aus einem Vakuum befreien« hervor. Daraufhin meinte Doktor M., dass ich eine Psychose hätte. Ich sei in meinem Zustand überhaupt nicht therapiefähig. Das Wort Psychose jagte mir einen Schrecken ein und stieß mich total ab. Ich fragte den Arzt, »was ist denn genau eine Psychose«, und er antwortete, »das kann man nicht so genau sagen, weil es so viele Erscheinungsformen gibt«.

Mir machte nicht die Diagnose selbst Angst. Wenn Herr D. mir in einem vernünftigen Ton so etwas gesagt hätte, hätte ich es annehmen und akzeptieren können. Es war die Art und Weise, das ganze Drumherum, das nur dazu diente, dass man sich klein und ohnmächtig dem großen Arzt gegenüber fühlte, dem es nur darum ging, Recht zu haben und einen auf seinen kleinen mickrigen Platz zu verweisen. Ich wollte keine Psychose, und ich fühlte mich auch nicht so, und dieser Arzt versuchte mir einzureden, dass genau das der Beweis dafür wäre, dass ich eine hätte. Er könnte nach zwanzig Jahren Berufserfahrung schließlich sagen, wer eine Psychose hätte und wer nicht.

Ich wehrte mich gegen diese Diagnose. Ich wollte keine Diagnose, die mir weiszumachen versuchte, dass mein positives Gefühl, meine kleinen Fortschritte nichts weiter als ein Symptom für eine Krankheit waren. Ich wollte diesen Arzt nicht, der mich in seinem Behandlungszimmerchen abprallen ließ wie eine Irre in der Gummizelle. Ich wollte diese Medikamentenpackung nicht, die er mir, obwohl ich mehrere Male betonte, dass ich Psychopharmaka grundsätzlich ablehnte, mit dem Vermerk, dass es »rein pflanzlich« sei, nun zum dritten Mal unter die Nase hielt und dabei »für's Wochenende« sagte. Ich warf die Packung in den nächsten Mülleimer.

Ich brauchte Hilfe, und ich suchte Hilfe, aber ich wollte diesen bestimmten Ton in der Stimme des Arztes nicht, der für seine Patienten nicht das geringste Engagement zeigte außer der immer gleichen Leier. Er redete mir ein, dass mein Aufbäumen gegen diese Art und Weise das sichere Symptom einer Geisteskrankheit sei, die auf jeden Fall medikamentös zu behandeln sei, und dass meine Abneigung gegen Psychopharmaka der Beweis sei, dass ich mir nicht helfen lassen wolle.

Mir zitterten die Knie, als ich die Praxis verließ.

Es war der letzte Nachmittag, an dem ich mich mit Conni verabredet hatte. Ich klingelte bei ihr, aber sie war, wie so oft, einfach nicht da, weil ihr irgendetwas dazwischen gekommen war. Wichtigeres.

Ohne Ziel und in wirre Gedanken versunken irrte ich durch die Stadt. Dieser Arztbesuch hatte mich total durcheinander gebracht. Meine ganze positive Energie war verpufft, ich war erfüllt von der Furcht, der Arzt könnte Recht haben, und ich überlegte hin und her, ob ich wirklich die ganze Zeit nur geglaubt hatte, meinen Zustand richtig einschätzen zu können. Es war grauenhaft. Es war der schlimmste Tag, seitdem ich aus dem Vakuum heraus war. Auf dem Weg zur Mathilde, wie ich Haus

Nr. 12 nannte, traf ich Franjo, der mit seinem Fahrrad an mir vorbeifuhr.

Er erkannte, wie aufgelöst ich war, und ich erzählte in einem Satz, was passiert war. Franjo meinte, dass ich mich richtig verhalten hätte und ich auf keinen Fall anfangen sollte, Medikamente zu nehmen, die meine Gefühle abtöteten.

Ich war schwer angeschlagen und habe mich bis heute von diesem Tag nicht richtig erholt. Ein kleiner gemeiner Arzt sitzt in seinem kleinen Behandlungszimmer in meinem Kopf und erklärt mir, dass meine Abwehr gegen seine Diagnose der Beweis für eben diese ist.

_____ 5. Kapitel _____

KLAFFENDER KRATER

Ich hatte begonnen, unsere Familiengeheimnisse aufzudecken, und begriff, dass ich schweren Schaden davongetragen hatte.

Jeden Tag ging ich von meiner Wohnung aus hinunter zur Kirche. Auf dem Weg dorthin hatte man den riesigen RWE-Komplex dem Erdboden gleich gemacht und danach eine ebenso große Grube für das nächste Gebäude gegraben. Diese Baustelle wurde für mich zum Symbol für mein eigenes Leben.

Nach und nach entstand in dem Loch etwas Neues. Man legte ein Fundament, dann das erste Kellergeschoss. Einige Wochen später das erste Stockwerk. Ich fragte einen Bauarbeiter, der am Zaun stand, wie viel Stockwerke das neue Haus haben würde. So, wie sie es Stück für Stück aufbauten, würde ich mein Leben wieder aufbauen.

Ich versuchte, mit meiner Mutter zu reden. Ich ließ nicht locker und erinnerte sie daran, wie groß meine Probleme waren, überhaupt zu überleben. Ich sagte ihr, dass meine Probleme mit meinen Geschlechtsorganen doch ein sicheres Indiz dafür waren, dass etwas mit mir passiert sein müsste. Ich sagte ihr, aus einer Intuition heraus, dass das, was ich damals im Kinderzimmer erlebt hatte, »bei professionellen Leuten unter sexuellem Missbrauch laufen würde«.

Meine Mutter dachte über meine Worte nach, und am

nächsten Tag rief sie mich an und berichtete mir, dass sie mit demjenigen, den ich beschuldigte, mich missbraucht zu haben, »darüber« gesprochen hätte und dass sie mit ihm einer Meinung sei, dass es sich um Doktorspielchen handelte, die ganz normal seien. Ich würde mir »etwas zusammenreimen« und mich an manche Dinge nicht richtig erinnern.

Kurz darauf stellte ich denjenigen zur Rede, mit dem ich angeblich nur Doktorspielchen gemacht hatte.

Ich fragte ihn, wie er zu dem stehen würde, was ich unter »sexuellem Missbrauch« verstand, und er reagierte darauf mit der gleichen blöden Logik wie damals, als er mir erklärt hatte, dass Wasser nicht nach oben fließen könne. Er behauptete, dass das alles halb so wild gewesen sei und dass es sich um Doktorspiele gehandelt habe, die viele Mädchen und Jungen untereinander machen würden, ohne dass es zu Folgeschäden käme, während ich wie ein Zombie vor ihm stand und quasi in meine Einzelteile zerfiel.

Ich bestand darauf, dass es sexueller Missbrauch gewesen war.

Ich schilderte ihm ein paar Szenen, bei deren Erinnerung er erst zusammenzuckte; dann erklärte er, dass ich etwas durcheinander bringen würde.

Er hielt an seiner Überzeugung fest, dass es mein Problem sei, wenn ich mit irgendetwas nicht gut fertig werden würde.

Er gab nicht zu, dass er mich missbraucht hatte, aber er entschuldigte sich bei mir dafür, dass ich Probleme bekommen hatte von den Dingen, die wir gemacht hatten.

Damit war das Thema für ihn erledigt.

Wieder brach etwas in mir für immer zusammen.

Sie taten einfach so, als sei ich irgendwie und irgendwo im Laufe der Zeit verrückt geworden und als hätten sie, bereit, mir wirklich zu helfen, ratlos danebengestanden, weil

207

mir nicht zu helfen gewesen sei. Sie sagten einfach, dass ich nur das Opferlamm spielen würde, um vor meinem Leben davonzulaufen.

Von diesem Tag an weigerte ich mich, an dieser Familie weiter teilzunehmen, und kam den Einladungen meiner Mutter zu diversen Feiern, die in ihrer Wohnung stattfanden, nicht mehr nach.

Mutter war zwar anderer Meinung als ich, was diese Szenen in meiner Kindheit betraf, aber sie erklärte mir auch, dass ich an meinen Genitalien »garantiert nichts hätte«. Da sei sie sich ganz sicher.

Ich ging zur Abendmesse und versuchte, in Gott zu vertrauen. Ich sagte mir, dass ich mein Schicksal, egal wie es sich nach einem Besuch bei der Gynäkologin gestalten würde, als Gottes Willen akzeptieren würde. Wenn ich jetzt sterben sollte, würde ich mich fügen.

Obwohl ich mich von meiner Mutter so enttäuscht fühlte, klammerte ich mich an das, was sie über den Zustand meiner Geschlechtsorgane gesagt hatte, schlug das Branchenbuch zum zweiten Mal auf und wählte die Nummer einer Gynäkologin, die in meinem Stadtteil praktizierte. Ich musste es wissen. Jetzt hatte ich auch noch Angst, dass ich vor lauter Angst, krank zu sein, am Ende wirklich Krebs bekommen hatte.

Im Besprechungszimmer saß ich der Ärztin gegenüber und erklärte ihr, dass ich glaubte, von Parasiten befallen zu sein; mit meinen 28 Jahren sei ich noch nie bei einer Gynäkologin gewesen.

Die Ärztin schluckte und schaute mich an.

Ich sagte, dass es mir unbeschreiblich peinlich sei und ich mich zu Tode schämte.

Die Ärztin versicherte mir, dass diese Scham, unabhängig von dem Untersuchungsergebnis, völlig überflüssig sei, dass sie den ganzen Tag mit nichts anderem zu tun hätte.

Mit der Sekunde, in der ich mich in die Obhut der Ärztin begab und über meine Angst sprach, wichen die Todesangst und die Scham einem großen Gefühl der Erleichterung. Ich setzte mich auf den Stuhl und hielt die Luft an. Die Ärztin untersuchte mich und befand, dass alles, bis auf eine kleine Entzündung, gegen die sie mir ein Zäpfchen verschrieb, in Ordnung sei.

Ich war ganz gesund.

Ungläubig hakte ich nach, ob ich wirklich keine Krankheit, keinen Krebs, keine Verwachsung oder Missbildung hätte ... Kein Grund, um morgen mein Testament zu schreiben ...

Ich ging hinaus auf die Straße an diesem warmen Sommermorgen und holte mir in der Apotheke nebenan meine Medikamente ab.

Ich fühlte mich wie neugeboren.

6. Kapitel

STIMMTREFF 1998

Mit jedem Tag, an dem ich mir selbst näher kam, veränderte ich mich und wurde stärker. Zwischen Phasen, in denen ich von Selbstzweifeln geplagt dahinsiechte, blitzten Stunden, in denen ich an der Musik arbeitete, wie Lichter am Horizont, und ich fühlte mich sicher und kompetent.

Ich genoss diese Zeiten, in denen ich dazu imstande war, die Dinge von ihren Plätzen zu bewegen, aber es waren noch kleine Inseln in einem Ozean der Verzweiflung und Hoffnungslosigkeit. Die Inseln tauchten aus dem Wasser auf, und ich konnte mich ein, zwei Stunden dort aufhalten, bis ich wieder ins Wasser ging und weiter schwimmen musste.

Ich schickte eine Kassette mit den Titeln, die ich bei Horst aufgenommen hatte, zu einem Wettbewerb nach Hamburg, dem »Stimmtreff 1998«. Es war eine Ausschreibung der Hamburger Gesangschule »Sängerakademie«, die in Jazz und Pop ausbildete und einen Abschluss ermöglichte, der in Deutschland anerkannt ist.

Das Verfahren war ähnlich wie bei dem »Rückkopplungs-Wettbewerb« im vergangenen Jahr: Man schickte eine Kassette und ein kurzes Info ein und kam dann, wenn man Glück hatte, in die engere Auswahl. Man wurde zum Endausscheidungskonzert nach Hamburg eingeladen und spielte vor einer Jury und einem zahlenden Publikum. Die ersten drei Gewinner wurden mit einer Urkunde und einem nicht unbeträchtlichen Geldpreis belohnt. Außerdem gab es einen Workshop als Einführung in den Wettbewerb, in dem verschiedene Vertreter des Musikgeschäfts Vorträge hielten. Es waren Vertreter des Rockmusiker-Verbandes, eine Dozentin für Gesang und Song Writing, jemand von der Künstlersozialkasse und jemand, der als A&R-Manager referierte und dabei über seine Arbeit sprechen sollte. Die Namen standen in dem Infoblatt, das mir ein paar Wochen später zugeschickt wurde. Auf dem gelbem, dreimal gefalteten Papier wurde ich darüber informiert, dass ich unter mehreren hundert Einsendungen als eine von zwölf Teilnehmerinnen der Endausscheidung ausgewählt worden war.

Ich nahm den Brief und rannte damit jubelnd um den Häuserblock.

Im September 1998 reiste ich zum Wettbewerb nach Hamburg. Ich übernachtete bei Thomas, einem Kumpel, den ich aus dem Klimperkasten kannte und der in einem kleinen WG-Zimmer wohnte. Ich schlief im Schlafsack auf dem Boden und hatte zu meiner Vergangenheit im Klimperkasten und zu Thomas keinen Bezug mehr, der die Songs, die ich vorspielte, einen Abend vor meinem Auftritt als »zu traurig« bezeichnete und mir den Tipp gab, mal »Blondie zu hören«, die wäre »echt geil«.

Ich ließ Thomas links liegen und fuhr zum Einführungskurs in die Sängerakademie.

In einem der Unterrichtsräume saßen die Teilnehmer der Gruppe Pop/Rock, zu denen ich gehörte und die ihren Auftrittsabend am Samstag hatten; die Teilnehmer der anderen Gruppe Chanson/Musical/Jazz waren am Sonntagabend an der Reihe. Innerhalb jeder Gruppe wurden jeweils drei Gewinner ermittelt.

Nach einer kurzen Einführung begann der Workshop. Die Referenten stellten sich vor, bevor sie mit ihrem Vortrag begannen.

Ich war nur an dem A&R-Manager interessiert.

Ich wollte diesen Kontakt zur Musikindustrie auf jeden Fall irgendwie herstellen.

Ich wollte aus der Trostlosigkeit des ewigen »Geheimtipps« heraus. Ich wusste, dass ich das Zeug dazu hatte. In meiner Vorstellung brauchte ich nur einen Plattenvertrag und wäre am Ziel meiner Träume.

In Wirklichkeit hatte ich keine Ahnung vom Musikgeschäft. Ich hatte zwar mittlerweile eine Gema-Mitgliedschaft und meldete dort meine Songs an, weil Franjo es mir empfohlen hatte, aber wie sich die einzelnen Bausteine einer Karriere als Musikerin zusammensetzten, wusste ich nicht.

Nachdem der Vertreter des Rock- und Popmusikerverbandes, der aussah wie ein Erdkundelehrer, seinen Vortrag gehalten hatte, war der A&R-Manager an der Reihe. Er stellte sich kurz vor.

Sein Name war Paul. Er trug einen schwarzen Strickpulli mit Rollkragen, saß mit gefalteten Händen hinter dem Tisch und erzählte von seiner Arbeit. Etwas an ihm vermittelte mir das Gefühl, ihn schon lange zu kennen. Ich stellte ihm ein paar Fragen, die er gewissenhaft beantwortete. Als sein kleiner Vortrag zu Ende war, gab es eine Pause.

Ich ging an ihm vorbei und fragte ihn, ob er morgen am Abend des Wettbewerbs auch noch da sei, und er sagte ja. Ich verabschiedete mich von ihm und verließ den Workshop, ohne die folgenden zwei Referenten abzuwarten.

Ich hatte gesehen, was ich sehen wollte.

Am Abend des Auftritts waren alle hinter der Bühne so aufgeregt und voller Erwartung, dass sich jeder nur selbst der Nächste war und die anderen als Konkurrenten betrachtete, nicht aber als Mitstreiter in einem gemeinsamen Kampf. Es herrschten Misstrauen und Argwohn hinter den Kulissen, der eine gönnte dem anderen den Erfolg nicht.

Beim Soundcheck hatten wir das ganze Programm gehört, und die Konkurrenz war hart. Manche spielten mit Begleitung von meist männlichen Musikern am Piano oder an der Gitarre, oder sie hatten eine kleine Band dabei. Andere imitierten Mariah Carey zum mitgebrachten Playback, und sie waren alle auf ihre Art und Weise gut.

Der überwiegende Teil hatte eine Gesangsausbildung und auch schon ein bisschen Bühnenerfahrung, und ich hatte Angst.

Ich hatte Angst, dass ich den Kelch zu hoch gehängt hatte und kläglich versagen würde.

Ich hatte Angst, nicht gut genug zu sein und das Publikum vor lauter Langeweile zu vergraulen.

Ich hatte Angst, dass ich nicht gesund aussehen würde, und ich hatte Angst, die Saiten auf der Gitarre nicht zu finden.

Im Saal wurde es still. Ein bunt gemischtes Publikum hatte sich versammelt, viele junge Leute, die kamen, um die Show zu sehen und vielleicht den ein oder anderen wertvollen Kontakt herzustellen.

Nacheinander traten die Wettbewerbsteilnehmer auf und waren besser oder schlechter als beim Soundcheck. Die junge Frau mit den langen blonden Haaren, die vor mir an der Reihe war, spielte auf einer Gitarre und wurde von einem Percussionisten begleitet. Sie kam sehr gut an.

Die Stimmung zwischen dieser Frau und mir, die nur wenig jünger war als ich, war ambivalent. Auf der einen

213

Seite mochten wir uns, weil wir mit großer Ernsthaftigkeit das Gleiche machten, auf der anderen Seite wollten wir beide den ersten Platz.

Ich ging barfuß auf die Bühne und setzte mich auf einen Stuhl. Ich redete ein bisschen mit den Leuten, damit sie genau zuhörten, machte einen Witz über meine Füße und bewegte die Zehen im Scheinwerferlicht. Die Leute lachten. Sie mochten mich.

Ich atmete einmal durch und begann das erste Stück. Der Sound war hervorragend. Das Licht auch. Ich spielte ganz leise und gab alles. Das Publikum jubelte. Ich spielte das zweite Stück, und die stumme Spannung entlud sich in einem tobenden Beifall, als ich den letzten Akkord ausklingen ließ. Ich schaute nach oben zur Loge ins Dunkle, wo ich Paul vermutete.

Das Publikum tobte.

Eine Stunde später kam die Jury im Gänsemarsch durch den Zuschauerraum auf die Bühne, um das Ergebnis zu verkünden. Paul sagte im Vorbeigehen, ohne den Schritt zu verlangsamen, zu mir: »Ich glaube, ich habe da eine Idee.«

Dann begann der Leiter der Akademie die Namen der Preisträger zu verkünden. Er machte es spannend und nannte zuerst den dritten Platz, dann den zweiten – und dann las er meinen Namen vor.

Ich hatte den »Stimmtreff 1998« gewonnen.

Das Publikum applaudierte donnernd, und ich wurde auf die Bühne gerufen, um zwei weitere Stücke zu spielen.

Nach dem Konzert kamen Leute zu mir und fragten nach CDs. Ich wich ihnen aus, weil ich Angst hatte, dass sie enttäuscht von mir sein könnten, wenn sie merkten, wie »gewöhnlich« ich war.

Weil ich vollkommen pleite war, bat ich den Leiter der

Akademie, mir über die 1500 DM, die mir als Preisträgerin zustanden, einen Scheck auszustellen, was er auch machte. Ich hatte das Gefühl, dass er mich ein wenig bemitleidete, und nach dem Wettbewerb gingen wir in die Theaterkneipe. In Anwesenheit aller anderen betrank ich mich, was mir schon während ich das tat sehr peinlich war.

Paul saß an einem anderen Tisch und trank Wein, aber ich traute mich nicht, auf ihn zuzugehen. Irgendwann war die Party zu Ende.

Eine Frau, die Corinna hieß, hatte mir angeboten, bei ihr zu übernachten. Ich wich ihr zunächst aus, weil sie in mir das Gefühl weckte, dass mit ihr etwas nicht in Ordnung war, doch als ich am Hauptbahnhof sah, dass mein Zug längst abgefahren war, kehrte ich per Taxi zum Theater zurück und nahm das Angebot an.

Am nächsten Morgen erwachte ich mit einem schlimmen Kater und einem schlechtem Gewissen, weil ich mich so hemmungslos betrunken hatte. Stundenlang musste ich an diesem Morgen auf Corinna warten, die nur mal »eben was an der Sparkasse« erledigen wollte. Ich frühstückte mit ihr, und sie erinnerte mich an Conni, denn sie redete sehr viel. Eigentlich war sie mir suspekt, aber gleichzeitig bewunderte ich sie, weil sie keinen Alkohol trank und irgendwie mehr vom Leben zu verstehen schien.

An diesem Tag schaute ich mir den Wettbewerb für die Gruppe Chanson/Musical an und stand danach mit Corinna und der blonden Frau, die am Vortrag den zweiten Platz gemacht hatte, an einem der Stehtische zusammen.

Plötzlich kam Paul auf mich zu. Er sprach mich an und fragte, ob ich schon mal in Amerika gelebt hätte. Ich antwortete einsilbig und abweisend, weil ich mich schämte, dass ich am Abend zuvor so viel getrunken hatte. Paul meinte, dass meine Musik gut wäre, er aber nicht wüsste, ob man sie verkaufen kann. Ich erwiderte, dass ich davon überzeugt sei, dass man die Musik verkaufen kann. Ich erzählte ihm, dass mich viele Leute fragten, wann endlich eine »richtige« Platte von mir auf den Markt kommen würde.

Er gab mir seine Nummer, ich gab ihm meine, und er sagte noch einmal, er hätte da eine Idee.

Ein paar Tage später bekam ich von Paul eine e-Mail. Er schlug mir vor, dass ich für einen halben Tag ins Studio nach Hamburg kommen sollte, um die Songs einfach mal aufzunehmen.

Für die Aufnahmen hörte ich für einen oder zwei Tage auf zu trinken und schlief in einem Hotel an der Reeperbahn, das Paul für mich gebucht hatte.

Wir trafen uns in dem Studio, und die Aufnahmen waren nicht perfekt, aber voller Aussagekraft und Klarheit. Als wir am Ende dieses Tages die Aufnahmen zusammen mit Sebastian, dem Tonmeister, abhörten, schaute Paul dem vorbeifließenden Wasser auf eine Art und Weise hinterher, die ich über alles liebte. Ich versuchte, für Paul keine Gefühle zu entwickeln und fuhr nach Hause zurück.

Drei Monate später hielt ich einen Brief von Paul in der Hand: Er bot mir an, richtige Demoaufnahmen mit mir zu machen, um zu sehen, wie man die Songs arrangieren konnte. Drei Titel wollte er einer Plattenfirma vorstellen, um mich dort unterzubringen.

Ich beschloss, meine Scheinstudentenschaft aufzugeben, um Musikerin zu werden.

------------------ 7. Kapitel ------------------

DEMOAUFNAHMEN

Paul unterbreitete mir seinen Plan: Ich sollte alle Stücke aufnehmen und sie ihm auf einer Kassette bis Ende Januar 1999 zuschicken. Sebastian, der auch schon die ersten Aufnahmen gemacht hatte, sollte auch dieses mal der Tonmeister sein.

Ich legte mich ins Zeug und schrieb die zig Fragmente fertig, die sich im Laufe der Zeit angesammelt hatten.

Ich hatte keine Ahnung, wie ich vorgehen sollte und legte einfach los. Ich spielte die Songs, bis ich sie einigermaßen beherrschte, und nahm sie mit zwei Mikrofonen auf, nachdem ich mir von meinem letzten Geld für 250 DM einen gebrauchten Minidisc-Rekorder gekauft hatte. Ich kämpfte.

Ich saß zu Hause in meiner Musikerwohnung und spielte um mein Leben.

Die Aufnahmen wurden gut. Ich glaubte es kaum. Es wurden 16 Titel, die ich auf eine Kassette überspielte.

Innerhalb weniger Wochen hatte ich mich um Lichtjahre weiterbewegt. Die ganzen Songs, die vorher nur in meinem Inneren existiert hatten, konnte man nun hören.

Für die Songtexte gestaltete ich ein kleines Booklet aus Packpapier und schickte das Ganze pünktlich in einem ordentlichen Umschlag nach Hamburg.

Paul war begeistert, und wir vereinbarten einen Termin,

an dem ich für die Demoaufnahmen nach Hamburg kommen sollte. Zehn Tage sollte ich bleiben und mit Sebastian zusammen die Aufnahmen machen.

Ich hatte mir vorgestellt, dass Paul im Studio sein und mich betreuen würde, aber er reiste geschäftlich nach München. Ich blieb mit Sebastian alleine im Studio, der schon tagelang an der Computerprogrammierung für meine Songs saß.

Sebastian hatte meine Demoaufnahmen in den Computer überspielt und gestaltete nun aufwändige Arrangements am Rechner, wie er es für richtig hielt. Es war zu früh für mich. In diesem Zustand schaffte ich es nicht. Ich verstand nicht, was vor sich ging und hatte nur dieses ungenaue Gefühl, dass ich mich in einer Situation befand, die gefährlich für mich war. Drei Tage lang saß ich im Studio herum, dann begann ich zu meutern. Ich erklärte Paul, dass es mir Leid tun würde und reiste am vierten Tag ab, ohne auch nur einen Titel vernünftig auf Band zu haben.

8. Kapitel

WHAT THE BIRD SAID

Ich war so enttäuscht, wie alles gelaufen war in Hamburg, und wusste nicht, wie ich mit dieser Enttäuschung umgehen sollte. Der Kontakt zu Paul schlief ein, und ich hatte die Wahl, jetzt Hühner zu züchten oder die Initiative zu ergreifen.

Ich entschloss mich, »meine Platte« selbst zu machen. Ich pumpte jemanden, von dem ich wusste, dass er es sich leisten konnte, um Geld an und kaufte mir für 600 DM ein gutes Gesangsmikrofon und ein kleines Mischpult mit Phantomspeisung. Ich lieh mir alle möglichen Instrumente: Keyboards, Effektgeräte, Trommeln und einen elektrischen Bass. In einem Musikladen trieb ich einen 8-Spur-Digital-Rekorder auf, den ich mir für drei Wochen ausleihen konnte.

Das erste Stück war »a look around«, und für mich ging es um Gelingen oder Scheitern meines Projekts. Wenn ich diesen Song zufriedenstellend aufnehmen könnte, würde alles gut werden.

Ich fuhr mit Jan, einem befreundeten Künstler, der aus Schrotteilen Musikinstrumente baute, zum »Kunstschacht Katernberg«. Dort hatte ein anderer Künstler das ehemalige Werksgebäude einer Zeche in ein Atelier und Ausstellungsgebäude verwandelt. Es gab große Räume, die klangen, als säße man in einem riesigen Tank.

Ich hatte wenig Zeit, da im Nebenraum ein Mann mit

einer Bohrmaschine eine Menge Lärm veranstaltete und draußen eine Gruppe Schulkinder darauf wartete, durch die Ausstellungsräume geführt zu werden. Nachdem wir die Mikrofone ausgerichtet hatten, spielte ich mich zwei, drei Minuten warm, dann machte ich einen »first take«: Ich spielte das betreffende Stück einmal und nahm diesen »ersten Versuch« als endgültige Aufnahme.

Ich hörte das Band ab und war glücklich. Ich hatte aus eigener Kraft etwas angeleiert und durchgeführt, und mein Plan war aufgegangen.

Bevor ich weitermachen konnte, hatte ich jedoch noch etwas zu erledigen. In tagelanger Fisselarbeit sortierte ich die etwa 60 Kassettenbänder, die chaotisch und unbeschriftet in einem Schuhkarton herumlagen. Ich ordnete und archivierte die Aufnahmen, auf denen sich zwischen langen Minuten oft nur ein paar Sekunden brauchbares Material befand, wie zum Beispiel ein Glockengeläut am Sonntag oder eine recht stimmungsvolle Orgelpassage, die ich irgendwann, irgendwo mal gemacht hatte. Ich wollte diese Fragmente in die Songs mit »einweben«.

Als ich damit fertig war, suchte ich mir am Computer eines befreundeten Musikers ein paar Drumloops aus, die mir gefielen, und nahm diese auf einer CD mit nach Hause. Mit einem Schlagzeuger, den ich kannte, produzierte ich ein paar neue Loops, die genauso schräg und krachend klangen, wie ich es mir vorgestellt hatte.

Dann holte ich das Aufnahmegerät und begann, meine zwölf Titel plus Bonustrack aufzunehmen. Ich ackerte mich durch und stellte fest, dass ich in einen gewissen Arbeitsrhythmus geriet: Ich brauchte nach zwei, drei Stunden eine Pause, und diese Pausen wurden fester Bestandteil meines Schaffensprozesses.

Die Sache nahm Gestalt an. Titel für Titel machte ich einfach fertig, wie es mir in den Sinn kam, und ich arbeitete schnell. So schnell, dass mir keine Zeit blieb, um mit dem Zweifeln zu beginnen und diesen oder jenen Titel doch lieber so oder so zu machen, und am Ende in einem Chaos von angefangenen Ideen zu sitzen. Die drei Wochen Frist, bis ich das Gerät wieder abgeben musste, und die Tatsache, dass auf der Festplatte vom Rekorder nur Platz für 15 Minuten Musik war, halfen mir dabei: Ich musste immer drei Titel aufnehmen und dann in ihrer fertigen Form heruntermischen, um wieder Platz zu haben für die nächsten Titel.

Ein halbes Jahr war seit den missglückten Aufnahmen in Hamburg vergangen, und bis zu diesem Zeitpunkt hatte ich Paul einfach verdrängt. Jetzt spürte ich plötzlich, wie sehr ich die Gespräche mit ihm vermisste. Er hatte mich, als wir die Demoaufnahmen vorbereiteten, fast täglich zu Hause angerufen und mir viele wichtige geschäftliche Details erklärt, und immer öfter hatten wir einfach nur geplaudert. Wir redeten über dies und das und ich hatte Paul dabei in mein Herz geschlossen. Ich freute mich schon beim Aufwachen darauf, dass das Telefon klingeln und Paul am Apparat sein würde. Jetzt war es still geworden in meiner kleinen Musikerwohnung. Ich schrieb »uh baby uh« und verzog mich damit im Heizungskeller unseres Musikerhauses, den man wie in einem U-Boot mit zwei schweren Eisentüren verrammeln konnte. Ich spielte das Stück 60 oder 70 mal, und ich gab nicht auf, obwohl ich einmal aus Verzweiflung, dass ich nicht über den Berg kam, die Gitarre auf den Boden warf. Ich brauchte drei Tage, bis ich den Take hatte. Es blieb der einzige Titel auf meinem Album, den ich veröffentlichte, ohne etwas hinzuzufügen.

Ich arbeitete in meiner Wohnung weiter und hielt mir alle Leute vom Hals. Ich wollte die Zeit nutzen, und ich würde mit meiner Platte fertig werden!

Ich schaffte es tatsächlich und schickte die Master-CD mit den 13 fertigen Songs in ein Presswerk. Ein paar Wochen später bekam ich die 500 Kopien, die ich bestellt hatte, in einem Karton frei Haus geliefert. Der Chef des Presswerkes erzählte mir am Telefon, dass er sich zwei Exemplare mit nach Hause genommen hatte, weil ihm die Musik so gut gefiel. Das wäre doch endlich mal etwas anderes, meinte er.

Ich organisierte ein Präsentationskonzert, zu dem ich all meinen Bekannten eine Einladung schickte, und steckte die simplen Scharz-Weiß-Booklets, die ein Kumpel mir freundlicherweise umsonst gedruckt hatte, einzeln in jede der 500 CD-Hüllen.

Eines Morgens rief ich Paul an und erzählte ihm von der CD. Er bat mich, ihm auch eine zu schicken, worüber ich mich riesig freute, denn ich hatte geglaubt, dass er nie wieder mit mir reden würde.

Paul fand meine Platte gut und bot mir tatsächlich an, erneut an einem Plattenvertrag für mich zu arbeiten. Dieses Angebot riss mich schier vom Hocker. Ich konnte es nicht fassen.

Ein paar Tage später rief mich Corinna an und fragte mich, ob ich für ein Jahr ihre Wohnung übernehmen würde, weil sie nach Amerika ginge.

Ich hatte schon lange das Gefühl gehabt, dass ich meine Heimatstadt verlassen würde, und war davon ausgegangen, dass sich zu gegebener Zeit eine Möglichkeit eröffnen würde. Jetzt war sie da.

Mutter erschrak, als ich ihr meine Pläne unterbreitete, weil sie mir nicht zutraute, dass ich in Hamburg klarkommen würde. Sie glaubte, dass ich mit wehenden Fahnen untergehen würde und dass ich besser »etwas Vernünftiges« machen sollte.

Ich ging trotzdem.

Ich suchte mir eine Zwischenmieterin für den Fall, dass ich in Hamburg nicht zurechtkommen und wieder nach Essen zurückkehren würde, und setzte mir eine erste Frist von drei Monaten mit der Option, um drei Monate zu verlängern.

Eine junge Cellistin, die ihr Musikstudium an der Folkwang-Schule aufnehmen wollte und sehr blass aussah, nahm die Wohnung, und wir hielten die Vereinbarungen schriftlich fest.

Mit der CD-Präsentation verabschiedete ich mich von meiner Heimatstadt. Jan, der Metallmusiker, trat im Vorprogramm auf. Auf seinem Stahlbass brachte er die Töne hervor, die so ziemlich genau den inneren Schmerz trafen, den ich nicht imstande war, in Worte zu fassen. Es kamen etwa 60 Zuhörer, darunter meine Mutter. Sie meinte, dass sie mit dem Metallkünstler nichts anfangen könnte und kommentierte die Veranstaltung auf ihre typische Art, die mir zum Hals heraushing.

Mein Auftritt war okay, ich spielte eine Stunde lang, und ich dachte, es wäre ein Abschied für immer. Ich dachte, dass ich das, was ich erlebt hatte, mit meinem Umzug nach Hamburg für immer hinter mir lassen und ein neues Leben beginnen würde, das mit meinem vorherigen nichts zu tun hatte. Ich glaubte, dass ich meine Vergangenheit einfach abschütteln konnte wie eine lästige Fliege.

* * *

Der Tag, an dem ich nach Hamburg gehen würde, rückte näher, und ich wollte nicht bei Paul auftauchen, ohne vorher alles, was ich zu erledigen hatte, auch wirklich getan zu haben.

Zuerst machte ich mir eine Liste mit allen Leuten, die

ich während meiner chaotische Jahre ausgenutzt und verletzt hatte. Mit zitternden Knien ging ich zu jedem Einzelnen, entschuldigte mich aufrichtig für das, was ich demjenigen angetan hatte, und versuchte zu erklären, warum ich mich in einem so schlechten Zustand befunden hatte.

Dann ging ich zum Gesundheitsamt und ließ dort einen Aidstest machen, für den ich mir das Passwort »Gabriel« aussuchte.

Seitdem ich begonnen hatte, meine Vergangenheit zu durchleuchten, hatte ich zwar im Wesentlichen damit aufgehört, durch die Kneipen zu ziehen, hatte aber zweimal im alkoholisierten Zustand sexuelle Rückfalle erlitten. Den einen nach einem misslungenen Konzert, den anderen nach einer Party. Ich musste Gewissheit darüber haben, ob ich mich mit HIV infiziert hatte.

Außerdem musste ich noch einmal zur Gynäkologin: Bei meinem Besuch vor einigen Monaten war zwar alles ganz in Ordnung, aber mein Gefühl, an Brustkrebs zu leiden, hatte sich, obwohl die Ärztin mich abgetastet und nichts feststellen konnte, um ein Vielfaches verstärkt.

Mit dieser Ungewissheit wollte ich nicht zu Paul kommen. Ich hoffte ja, dass wir nahe zusammen sein würden, in Hamburg. Ich malte mir aus, mit ihm ins Kino zu gehen und dass wir auf romantische Art und Weise das Paar des Jahrhunderts werden würden.

Außerdem musste ich für meine Arbeit als Musikerin fit sein.

Ich nahm erneut einen Termin bei der Frauenärztin wahr, die bei dieser Gelegenheit auch den Ausschlag auf meiner Brust zu sehen bekam und der wieder ein ziemlich bedrohliches Ausmaß angenommen hatte. Die Ärztin untersuchte mich mit Ultraschall und versicherte mir, dass ich keinen Brustkrebs hatte. Sie erkundigte sich, ob ich das Gefühl, krank zu sein, denn mittlerweile im Griff hätte, worauf ich ausweichend antwortete. Bis zu diesem Zeitpunkt war mir nie klar gewesen, dass mein Gefühl, krank zu sein, eine Krankheit sein könnte.

Kurz darauf ging ich mit meiner stark malträtierten Haut endlich zu einer Hautärztin, und während sie mich ansah und mit mir sprach, brach ich in Tränen aus. Ich gestand ihr, dass ich stundenlang an den Wunden, die ich mir selbst zufügte, herumkratzte, und sagte aus einer Intuition heraus, dass meine Haut das Symptom für sexuellen Missbrauch sei. Die Ärztin antwortete, dass man das ganz deutlich sehen würde. Sie empfahl mir, bestimmte Pflegeprodukte zu benutzen und zur kosmetischen Behandlung zu kommen, wenn die schlimmsten Entzündungen, gegen die sie mir Kortison verschrieb, abgeklungen seien.

Das Wichtigste aber, meinte sie, sei für mich, psychotherapeutische Hilfe in Anspruch zu nehmen. Sie sagte, dass mein eigentliches Problem nicht die Hautoberfläche sei, sondern die Verletzungen in meiner Seele.

Ich besorgte mir die Kortisonsalbe und das Waschgel aus der Apotheke und befolgte eine Zeit lang die Ratschläge der Ärztin. Wegen meiner Scham blieb es aber bei diesem einen Besuch in der Praxis.

———————— 9. Kapitel ————————

HAMBURG

Der HIV-Test war negativ. Jetzt konnte es losgehen. Corinna versicherte mir, dass sie mir ihre Wohnung in ordentlichem Zustand übergeben würde und dass Michael, der andere Untermieter, den sie angeheuert hatte, weil ich die Wohnung unmöglich alleine bezahlen konnte, ein sympathischer Typ sei.

Dann wurde sie mit ihrem Kram doch nicht rechtzeitig fertig und verschob ihre Abreise nach Amerika, was zur Folge hatte, dass ich mich mit meiner Nachmieterin auch neu arrangieren musste. Ich wurde in Bezug auf Corinnas Zuverlässigkeit immer unsicherer, zumal sie gereizt reagierte, wenn ich sie darauf ansprach, dass ihr Chaos andere in Mitleidenschaft zog.

Es gab aber kein Zurück mehr. Ich stellte einigen Kram in den Keller, in dem ich »uh baby uh« aufgenommen hatte, und machte die beiden schweren Eisentüren hinter mir zu. Einen anderen Teil verschenkte ich, ein großer Teil landete beim Sperrmüll.

Den Rest packte ich mit Lukas, einem Kumpel von früher, in sein Auto: meinen elektrischen Bass und meine elektrische Gitarre, meinen Minidisc-Rekorder, zwei, drei Kartons mit Habseligkeiten, ein paar Kleidungsstücke und die Holzplatte meines Schreibtisches. Der ganze Tisch passte nicht ins Auto, und so wollte ich wenigstens die Platte auf zwei Holzböcke legen.

Meine Wohnung übergab ich sauber und geräumt an meine Nachmieterin.

Dann fuhren wir los und parkten am späten Nachmittag vor dem Haus, in dem Corinna wohnte. Es regnete in Strömen, und die Fahrt war wegen unzähliger Baustellen anstrengend gewesen. Wir gingen hinauf in den vierten Stock, um die Lage zu sichten.

Lukas meinte, dass er an meiner Stelle sofort wieder nach Hause gefahren wäre, weil Corinna nicht alle Tassen im Schrank hätte.

In Corinnas Wohnung herrschte ein unbeschreibliches Chaos.

Anstatt mir die Wohnung, wie vereinbart, aufgeräumt und mein Zimmer ohne ihre persönlichen Sachen zu übergeben, war Corinna noch damit beschäftigt, ihre amerikanischen Dollar von der Sparkasse zu holen und Koffer zu packen.

Ich saß den ganzen Abend verloren in der Küche herum, während Corinna sich mit ihren Freundinnen in meinem zukünftigen Zimmer verschanzte, um die passende Unterwäsche für Los Angeles auszusuchen.

Um drei Uhr morgens fuhr Corinna zum Flughafen, und ich half ihr noch, die Koffer die vier Stockwerke herunterzuschleppen. Sie drückte mir ein paar Überweisungen in die Hand, die ich morgen an ihrer Stelle »mal eben zur Sparkasse bringen« sollte, damit alles klar ginge. Ich fragte sie, ob das Telefon vom letzten Monat bezahlt sei, und sie motzte mich an, als hätte ich etwas Unanständiges von mir gegeben. Dann drückte sie mir ihren Schlüsselbund in die Hand und ging.

Ich fasste die Unverschämtheit dieser Frau nicht, die von mir monatlich 550 DM für ein 12 Quadratmeter großes Zimmer mit verdrecktem Teppichboden und Nachtspeicherheizung in einer 55 Quadratmeter großen Wohnung ohne vernünftiges Badezimmer verlangte. Sie hinterließ mir, als sie mir ihren Wohnungsschlüssel gab, eine Küche voller Mülltüten und ungespültem Geschirr, ein Zimmer, aus dem in letzter Minute die nötigsten Sachen herausgerissen worden waren, das aber niemand sauber gemacht hatte. Überall lag irgendwelcher Kram herum. Im Flur fiel man über Kartons, aus denen oben Corinnas Zeug heraus guckte. Michaels Zimmer, eigentlich Corinnas Wohnzimmer, war ein einziger Müllhaufen, denn Michael war ein Säufer und Kiffer, der, genau wie Claus, abends voll wie ein Eimer ins Bett fiel.

Es war ein Desaster.

Es war genau das, was ich überhaupt nicht mehr vertragen konnte in meinem Leben.

Hamburg hatte für mich dafür gestanden, dass ich es »schaffen« würde, ein neues Leben beginnen würde, und dann passierte so etwas ... Ich hatte Angst und fühlte mich von einer Minute auf die andere vollkommen überfordert. Ich war total aufgelöst und rief, am Boden zerstört, zitternd und weinend meine Mutter an. Meine Mutter meinte, ich sollte zurückkommen und dass sie es mir »ja gleich gesagt hätte«.

Sie bot mir an, mich mit ihrem Freund aus Hamburg abzuholen und mir in dem Stadtteil, in dem sie auch wohnte, eine Wohnung zu suchen.

Drei Tage lang räumte ich den Dreck der anderen weg und betete mir den Psalm 23 – »Der Herr ist mein Hirte, mir wird nichts mangeln« – vor. Ich machte aus der Wohnung das Beste, was mir möglich war, und versuchte, irgendwie klarzukommen. Ich kürzte die Miete auf 500 Mark, weil ich die ganze Wohnung putzen musste, und schrieb auf das Überweisungsformular »minus 50 DM für Putzdienst«. Als ich mit dem Putzen fertig war und ich alleine in der Wohnung saß, überkam mich eine unbeschreibliche Angst.

Ich hatte noch Paul.

Paul würde mir helfen.

Ich ging zum Elbufer mit meinem Handy, das ich mir zugelegt hatte, obwohl Mutter es überflüssig fand, und wählte die Nummer von Pauls Schreibtisch.

Paul war sofort am Apparat, und ich sagte ihm, dass ich jetzt in Hamburg und bereit sei, mit der Arbeit anzufangen.

Wir verabredeten uns für den kommenden Montag in seinem Büro.

Ich hatte einen Rettungsanker.

Wir trafen uns häufig und besprachen, wie wir vorgehen sollten, damit meine Musik erfolgreich wäre. Ich war gerne bei ihm im Büro. Paul nahm sich viel Zeit für mich und erklärte mir, so gut es ging, worauf es im Musikbusiness ankommt. Er ging mit mir alle Klauseln der Verträge durch, die auf mich zukamen und viel verstand ich nicht von dem, was er mir erläuterte, aber es vermittelte mir ein großes Gefühl der Geborgenheit.

Ich hatte die Haare etwas wachsen lassen, doch weil ich keine Frisur hatte, die man vorzeigen konnte, trug ich immer eine graue Wollmütze und fühlte mich dabei ziemlich bescheuert. Mein Makeup benutzte ich auch noch. Es war schon etwas weniger geworden, aber man sah es nach wie vor deutlich. Meine Zähne waren an den reparierten Stellen wieder schwarz geworden und ich versuchte, sie zu verstecken, indem ich so wenig als möglich lächelte. Während Paul mir die Verträge erklärte, dachte ich die ganze Zeit, dass er mich so, wie ich aussah, unmöglich attraktiv finden könnte.

* * *

Die Situation mit Michael, meinem Mitbewohner, erinnerte mich jetzt mehr und mehr an das, was ich mit Claus erlebt hatte, und ich war ziemlich baff, dass mir so etwas in meinem Leben noch mal begegnete.

Michael war einer dieser Säufer, die ihr Alkoholproblem nicht sahen, und es war für mich unerträglich, mit so einem Menschen in einer Wohnung zusammenzuleben. Er stand, bis oben abgefüllt, mitten in der Nacht vor der Wohnungstür und randalierte, weil er seinen Schlüssel verloren hatte, den ich am nächsten Tag auf einem der unteren Treppenabsätze fand.

Alleine und ohne sichere Perspektive für das, was auf mich zukam, lief ich Stunde um Stunde am Elbufer entlang und betete zu Gott, dass er mir ein Zeichen geben würde, etwas, an das ich mich in dieser novembergrauen Steinwüste festhalten konnte.

Dann kam der Tag, an dem ich erkannte, dass es so nicht weitergehen konnte und dass ich es ohne Hilfe nicht schaffen würde, meine Probleme in den Griff zu bekommen.

Endlich machte ich mich daran, mich durch den Urwald zu schlagen: In den Gelben Seiten von Hamburg suchte ich nach einer Therapeutin.

Eine Frau, deren Stimme mir am Telefon sofort gefiel, gab mir einen Termin für ein erstes Gespräch.

Ich brachte meine selbstgemachte CD mit und beschrieb, in welcher Situation ich mich augenblicklich befand. Daraufhin bat mich die Therapeutin, zu jeder Sitzung einen Fragebogen auszufüllen, was ich meistens hektisch irgendwo während der Fahrt mit der S-Bahn erledigte.

Ich hatte ein gespaltenes Bild von mir selbst, aber ich nahm es kaum wahr. Auf der einen Seite erzählte ich munter, dass ich »eigentlich ganz gut mit mir klarkäme«, auf der anderen Seite fühlte ich mich elendig, minderwertig und schlecht.

230

Ich befand mich nun schon seit Jahren im Dauerstress, und ich hatte ausgeprägte Schlaf-, Ess- und Alkoholprobleme.

Um den schlimmsten Schaden abzuwenden, bestärkte mich meine Therapeutin zuerst, äußerlich stabil zu werden. Sie machte mir klar, dass es nicht zu meinen Pflichten gehörte, mich einer derartigen Wohnsituation auszusetzen.

Daraufhin löste ich mich von Corinnas Druck, dass ich bei Michael bleiben müsste, und von Michaels Druck, dass ich eine unverantwortliche Ziege sei, wenn ich gehen würde. Ich stellte eine Nachmieterin für mein Zimmer, damit Corinna nicht in finanzielle Schwierigkeiten geriet, und pumpte die Kraft, die ich noch hatte, in die Suche nach einer neuen Wohnung für mich. Nach etlichen Fehlversuchen fand ich eine recht große Altbauwohnung direkt gegenüber einer kleinen katholischen Kirche.

Die Odyssee nahm kein Ende.

Die Vormieterin hinterließ mir auch hier ein unerträgliches Chaos: Hundehaare in alten Kleidungsstücken, haufenweise Sperrmüll, sowie Unmengen von Dreck und Altglas. Wieder räumte ich auf, strich allein die ganze Wohnung und schaffte den Müll raus. Ich putzte das riesige Badezimmer, bis alles blinkte.

Die Wohnung war teuer: fast 1000 DM musste ich monatlich aufbringen, doch eine Gema-Überweisung, die ich überraschend erhielt, würde mich noch ein, zwei Monate über Wasser halten.

Zurückkehren nach Essen – das gab es für mich zu diesem Zeitpunkt nicht.

Ich musste diese Situation bewältigen.

Wieder machte ich mich daran, umzuziehen, indem ich meinen Kram in einen Einkaufswagen von Aldi packte und

231

ihn vier, fünf Mal hintereinander durch das Viertel schob. Ich trug einen Pelzmantel, der mir fünf Nummern zu groß war. Eine richtige Winterjacke besaß ich nicht.

* * *

Es war mittlerweile Ende November, und ich war so gut wie pleite. Paul meldete sich alle paar Tage, er hatte Kontakte zu der RTL-Serie »Hinter Gittern« geknüpft und wollte versuchen, mich in der Serie unterzubringen, damit meine Musik eine Chance hätte, an die Öffentlichkeit zu kommen.

Ich wurde skeptisch. Eine RTL-Serie, die in einem Frauenknast spielt? Ich im Fernsehen, so wie ich aussah?

Paul machte mir Mut, dass es der richtige Weg für diesen Augenblick sei. Mein schlechtes Aussehen würde man mit Hilfe der Maske verbessern.

* * *

In diesem Dezember begann ich innerhalb der Therapie über das zu sprechen, was mir bisher geschehen war, und die im innersten vergrabenen Dinge, die mir höchst peinlich waren, mittels einer Schreibmaschine, die ich für zehn Mark auf dem Flohmarkt gekauft hatte, aufzuschreiben.

Ich begann, die Fragmente, die in meinem Kopf aufblitzten und dann sofort wieder verschwanden, zu einem Mosaik zusammenzusetzen. Ich saß sprachlos vor dem, was sich aus der Tiefe meiner Seele einen Weg nach außen bahnte.

_____ 10. Kapitel _____

SCHWERE ZEIT

kein Mozart

Hattest du nicht die Liebe gewonnen
Und wolltest sie verkaufen
Nein, müde warst du vom Laufen am Strand
Und von dem, was Sie dir versprochen

Unten am Wasser, da traf ich dich
Wir hatten uns beide gefunden
Verlaufen, das Wort kannten wir nicht
Und wollten einander ergründen

Den süßen Schmerz der Liebelei,
die Tulpen, sie standen am Wege
und sagten »du bist mir nicht einerlei«
und »wir sind uns einander begegnet«

Das Denken, das kam hinterher
da warst du schon lange gegangen
hinaus in die Welt, aus der du auch kamst
so zog uns're Liebe von dannen

»Kein Missgeschick«, sagst du, »in dieser Zeit,
die Wellen, sie schlagen so hoch heut.
Und Goethe und Rilke sind auch nicht mehr da«

kein Mozart, kein Werther, und auch kein Soldat
stand mit uns damals am Ufer *(für Paul)*

Innerhalb der Therapie kam es nach der vierten Sitzung, viel früher als gewöhnlich, zu dem großen Zusammenbruch.

Die Therapeutin hatte schon angekündigt, dass es mir während der Therapie auch mal »nicht so gut gehen würde«, und sie riet mir, mich langsam an das Erlebte heranzutasten, damit ich nicht noch einmal traumatisiert werden würde. Sie verstand meine Abneigung gegen Medikamente, bot mir aber auch an, dass ich, wenn der Schmerz, den ich jetzt deutlich zu spüren begann, zu stark werden würde, auf Psychopharmaka zurückgreifen könnte, um über das Schlimmste hinwegzukommen. Ich lehnte erneut ab, aber ich sah in dem Zusammenhang Psychopharmaka in einem anderen Licht.

Ich hatte zwar während der Therapie nach und nach aufgehört zu rauchen, aber ich hatte nun schwerste Schlafprobleme, aß tagelang nichts und war von dieser permanenten Angst und Sehnsucht in Bezug auf Paul und mein ganzes restliches Leben gequält, und ich trank.

Mein Zusammenbruch kam an einem Freitag, und ich hatte nicht geahnt, was auf mich zukommen würde.

Mein Bewusstsein hatte eine Art Schutzwall aufgebaut, der mich vor dem Ausmaß der Zerstörung in meinem Inneren und den Schmerzen, die damit verbunden waren, schützte, und er verhinderte auch, dass ich einen wirklichen menschlichen Kontakt spürte. Es war, als ob sich meine Seele eingekapselt hätte.

Dieser Zustand hielt nun an, seitdem ich ein kleines Mädchen war.

Die Menschen schienen mir fern und nah zugleich, und ich konnte sie nicht erreichen, egal, was ich tat.

Um ein neues Leben beginnen zu können, musste ich den Schutzwall zum Einsturz bringen. Ich musste den Schmerz zulassen und der Wahrheit ins Auge sehen, um ein Fünkchen Hoffnung zu haben, eines Tages ein lebendiger Mensch mit einem erfüllten Leben zu sein.

Ich saß im Linienbus zur Praxis, als ich spürte, wie der Damm brach. Ich spürte es, während ich nach vorn zur Tür ging, um aus dem Bus auszusteigen. Ich spürte es stärker, als ich durch den kleinen Hinterhof ging, und dann die Treppe hinauf, die zur Praxis der Therapeutin führte. Ich saß in dem kleinen Vorraum, in dem man die Schuhe auszieht, bevor man den Sitzungsraum betritt, und sah mich im Spiegel.

Ich sah mich an. Ich sah meiner kläglichen, verletzten, zu nichts fähigen Existenz in die Augen. Ich sah den Missbrauch, die Trauer und Enttäuschung, den Hass, die Schmerzen, und ich sah meine Angst, es nicht zu überleben.

Die Tränen schossen mir ins Gesicht, und ich konnte mich nicht mehr fassen. Meine Therapeutin schaute mich besorgt an. Sie zweifelte, ob ich es schaffen würde. Mehrere Minuten weinte ich still in mich hinein und ein bisschen nach außen, und die Therapeutin fragte mich, warum ich immer noch versuchte, mich zu beherrschen. Ich antwortete, dass ich lieber weinen würde, wenn ich allein sei, und sie meinte, dass sie sich nicht sicher sei, ob ich in diesem Zustand allein gehen könne. Ich versicherte ihr, dass sie sich keine Sorgen machen müsste, und nahm den Bus nach Hause.

Ich spürte, dass es sehr viele Tränen waren, die raus mussten, und kaufte mir bei Tchibo einen schneeweißen Satin-Schlafanzug. Dann besorgte ich mir im Supermarkt paar Lebensmittel und schleppte mich zu meiner Wohnung.

Drei Tage und Nächte weinte und schluchzte ich ununterbrochen. Ich spürte, wie sehr ich meine Mutter vermisste. Es zerriss mich, so sehr sehnte ich mich nach wirklicher Liebe.

Die drei Tage vergingen, und irgendwann stand ich mit einem Becher Kaffee in der Hand am Fenster.

Ich rief meine Mutter an und versuchte ihr zu erzählen, was mit mir geschehen war. Ich wollte ihr begreiflich machen, welch ein Trümmerhaufen sich in meinem Innerern befand und welche Ursachen er hatte. Mutter meinte nur: »Ja, so siehst du das!«, und ich entgegnete: »Ja, genau *so* sehe *ich* das.« Mutter blieb bei ihrer Meinung.

Daraufhin sagte ich zu ihr, dass es unter diesen Umständen besser wäre, wenn sie mich nicht mehr anrufen würde.

Danach hinterließ ich für Paul, dem ich von der Therapie erzählt hatte, eine Nachricht auf seinem Anrufbeantworter.

Ich sagte, dass ich einen Zusammenbruch gehabt hätte, aber nun über den Berg sei. Die Therapeutin hätte mir den Stachel gezogen.

Ich traf mich nach wie vor mit Paul in seinem Büro. Wir schlossen die Tür zum Besprechungsraum hinter uns und saßen uns gegenüber. Paul bot mir an, mein Management zu übernehmen. Ich genoss es so sehr, wenn wir zusammen waren und unterschrieb ein paar Tage später einen Management-Vertrag. Dennoch quälte mich ein unterschwelliges, permanentes Gefühl von Misstrauen. Egal wie nahe mir Paul in dem einen Augenblick gewesen war und egal, wie tief und ehrlich ich ihm vertraute, gleichzeitig bimmelte in meinem Kopf eine Alarmglocke, von der ich nicht sagen konnte, ob sie zu recht losging oder nicht. Ich wusste es einfach nicht.

Wenn er versuchte, mir eine meiner Ideen bezüglich der Musik auszureden, weil sie seiner Ansicht nach unrealistisch war, fühlte ich mich von ihm ungeliebt und verstoßen.

Paul investierte all seine Kraft in mich, und ich begann, ihn auch als Mann in einem solchen Maße zu begehren, dass es für unsere Zusammenarbeit ein echtes Problem wurde. Einerseits verachtete ich mich für meine immensen Gefühle, denn wenn Paul und ich gut zusammenarbeiteten, konnten wir mit vereinten Kräften wirklich Berge versetzen, andererseits glaubte ich, dass Paul auch für mich so stark empfand und dass es nur eine Frage der Zeit sei, bis er endlich zu mir kommen würde.

Paul wollte aber nicht zu mir kommen, und ich litt sehr darunter. Ich lag wach und hatte Sehnsucht. Ich begann, ihm stumme Vorwürfe zu machen, und das war etwas, worauf Paul verständlicher Weise mit noch größerer Distanz reagierte. Wieder war ich in der Spirale gefangen, in der ich schon mit Walter und Udo gelandet war. Nur dieses Mal war es schlimmer, denn so nahe wie Paul hatte ich mich in meinem ganzen Leben noch keinem Menschen gefühlt.

Ich redete während der Therapie nur noch über Paul und meine vermeintliche Liebe zu ihm, woraufhin mich meine Therapeutin darauf aufmerksam machte, dass jeder Mensch ein Anrecht darauf hatte, sich abzugrenzen, auch Paul. Er sei schließlich nicht mein Privateigentum. Das leuchtete mir, so schwer es mir fiel, ein. Ich musste ihn loslassen.

Meine Therapeutin meinte auch, dass ich einer emotionalen Illusion in Bezug auf Paul erlegen sei. Diese Meinung teilte ich nicht, und mein Vertrauen in die Therapeutin schlug von einer auf die andere Minute ins Gegenteil um. Nach zwei weiteren Therapiesitzungen, in denen ich mich standhaft weigerte, meine Zuneigung zu Paul als Fata Morgana anzusehen, beendete ich die Therapie vorzeitig. Nichts auf der Welt würde mich dazu bringen, den Glauben an das zu verlieren, was ich in Pauls Augen gesehen hatte. Auch wenn ich es niemals würde berühren können – was ich bei Paul gefunden hatte, war keine Illusion gewesen.

Ich verschanzte mich in meiner Wohnung und lag nachts wach. Bilder aus meiner Kindheit drangen an die Oberfläche und verschwanden wieder, bevor ich richtig fassen konnte, was sie zu bedeuten hatten. Diese Erinnerungen ließen mich mit einem derartigen Gefühl der Verunsicherung zurück, dass ich manchmal keinen Ausweg mehr sah. Das erste Mal in meinem Leben kam mir der Gedanke, es mir zu nehmen. Das wäre besser als dieser Zustand. Ich tat es nicht. Ich dachte an die Platte, die ich mit Paul und für Paul und die ganze weite Welt machen würde, und gab die Hoffnung auf Besserung nicht auf.

* * *

Ende Januar war der Plattenvertrag tatsächlich unter Dach und Fach. Paul hatte ihn, obwohl unsere Beziehung nun deutlich angespannt war und immer schwieriger wurde, für ein Mini-Honorar ausgehandelt. Ich hatte jahrelang daran gearbeitet, diesen Plattenvertrag zu unterschreiben, eine Million junger Leute taten alles und auch wirklich alles, um in meine Position zu kommen, und nun saß ich bei dem Chef meiner Plattenfirma und fühlte mich bedrückt.

Mit Unterzeichnung des Plattenvertrages erhielt ich die erste Hälfte der vereinbarten Vorschusszahlung.

Im Display vom Geldautomaten leuchtete ein fünfstelliger Betrag, und ich hätte glücklich sein sollen, aber die Angst in mir wurde mit jedem Tag größer.

_____ 11. Kapitel _____

CONTACT MYSELF

Ich hatte so große Angst, dass ich mich nur noch im Kreis herumdrehte und meine größte Angst war es, dass die Therapeutin doch Recht gehabt hatte. Mein an sich vernünftiges Bedürfnis, Abstand zu all dem zu bekommen, in dem ich bis um Halse steckte, entlud sich in verletzenden und unsinnigen Streitereien, in die ich mich nun immer öfter mit Paul verstrickte, denn ich war vollkommen unfähig, eine angemessene Distanz zu finden. Entweder fühlte ich mich so weit weg, dass ich es nicht ertrug, oder so nahe, dass ich es nicht aushielt. Als ich sicher gewesen war, auf dem richtigen Weg zu sein, hatte ich zu allem Ja gesagt, was Paul mir vorgeschlagen hatte. Jetzt zweifelte ich an allem und wollte am liebsten davonlaufen.

Wir gingen mit meinem Album in Produktion, und es kam, wie es kommen musste. Ich war unfähig, zu einem einzigen Mitglied des Produktionsteams Vertrauen zu fassen, weil ich in jedem Menschen, der auf mich zukam, einen potenziellen Gewalttäter vermutete.

Man ließ mich meine Lieder singen, dann kündigte ich Paul den Managementvertrag. Paul ließ mich gehen, ohne mir irgendwelche Schwierigkeiten zu machen. Er hatte auch schon ein Kündigungsschreiben an mich verfasst, es aber noch nicht abgeschickt. Die Produktion ging noch ein paar Tage weiter, doch mit jedem Tag gerieten die Energien zwischen den Beteiligten mehr außer Kontrolle. Etwas in mir weigerte sich, jemandem meine Musik anzuvertrauen. Ich wollte nicht, dass irgendjemand Hand an mein Heiligtum legte.

Die Menschen, die dafür verantwortlich waren, dass man zum vereinbarten Termin ein verkaufsfähiges Album parat hatte, griffen durch und schlossen mich, nachdem der letzte Gesangstake auf Band war, von der weiteren Produktion aus.

Die darauf folgenden Wochen waren unerträglich, und das Schlimmste war, dass ich es mir zu einfach machte, wenn ich behauptete, dass ausschließlich die anderen an meinem Unglück Schuld hatten. Ich hatte, wie jeder andere der Beteiligten auch, die Verantwortung für das, was passiert war, zu tragen.

Ich lag auf dem Fußboden meiner Wohnung und weinte. Ich aß nicht. Ich schlief nicht. Die Antwort auf meine Frage, ob ich jemals ein kompletter Mensch werden würde, lag in den Händen anderer Menschen, und ich hatte keinen Einfluss mehr darauf, welche Antwort ich bekommen würde. Es war, als hätten sie mir das Herz aus dem Leib gerissen.

* * *

Es dauerte ein paar Wochen, bis ich die Antwort in Form der fertigen CD bekam, und sie war nicht unbedingt so, wie ich es mir gewünscht hatte.

Ich ging auf Paul zu, entschuldigte mich, für mein uneinsichtiges, unprofessionelles Verhalten, um im nächsten Augenblick von einer alles vernichtenden Wut auf ihn, der mir in gewisser Weise diese Antwort präsentiert hatte, überwältigt zu werden.

Es war das Grauenhafteste, das ich in meinem neuen Leben erlebte, und ich rettete mich irgendwie über das halbe Jahr bis zur Veröffentlichung. Ich wog nur noch knappe 50 Kilo und hatte so starke Angstprobleme, dass ich mich kaum noch auf der Straße bewegen konnte.

Ich schleppte mich von einem Hauseingang zum anderen und versuchte, die Hoffnung, dass es für mich eines Tages Gerechtigkeit geben würde, nicht aufzugeben. Wenn ich mit anderen Leuten redete, verschwammen die Gesichter vor meinen Augen. Vor lauter Zweifel darüber, ob ich nun Täter oder Opfer war, und darüber, ob man mich missbrauchte oder nicht, hatte ich das Gefühl, nicht mehr in meinem Körper zu sein. Ich konnte diese quälenden Gedanken nicht abschalten. Der Ausschlag, den ich während der Produktion bekommen hatte, war noch schlimmer geworden. Ich trug monatelang einen Schal, um die Wunden zu verdecken, und schlich wie ein verwundetes Tier durch die Straßen von Hamburg.

Wir verkauften »Contact Myself« fast 30.000 Mal, und es hatte eine Phase gegeben, in der ich die Platte richtig gut fand, aber in mir blieb das Gefühl, dass irgendetwas schief gelaufen war.

* * *

Nachdem ich einige Jahre Gaststätten gemieden hatte, aber noch alleine zu Hause trank, zog ich nun wieder durch die ortsansässigen Kneipen in Hamburg Altona.

Am 22. September 2000 ging ich in die »Blaue Bar«, ein kleines eingeschossiges Haus, das in einem kuriosen

Nachtblau angestrichen war und über dessen Tür eine halbrunde rote Lampe leuchtete. Im hinteren Zimmer fand am Wochenende eine Disco statt: Hier liefen Reggae und Hits aus den 80ern und 90ern, Depeche Mode, Nirvana, und ab und an ein moderner Hit, wenn er ein bisschen independent klang.

Ich hing mit einer Halbliterflasche Starkbier mit Plopp-Verschluss herum und guckte den Leuten im dunklen Licht beim Tanzen zu. Ein DJ legte auf.

Der Typ, den ich beobachtete, trug Jeans und T-Shirt und hatte ein breites Gesicht.

Zwei halbe Bier später sprach ich ihn an. Mein 1,0-Promille-Nebel machte mich gesprächig. Ich erzählte ihm, dass ich direkt gegenüber wohnen würde und Musikerin sei. Er war Lehrer für Deutsch.

Ein paar Stunden später saßen wir draußen auf der Treppe vor dem Laden und quatschten, benebelt von einem bierseligen Gefühl der Zusammengehörigkeit, über dies und das.

Dann hatte ich, wie so oft, schlagartig genug von dem ganzen Theater. Ich wollte nur noch in mein Bett, und zwar alleine. Den Lehrer, der jetzt angemacht war, wurde ich natürlich nicht mehr los. Er bestand darauf, mich zur Haustür zu bringen.

Wir umarmten uns ein wenig, und er sagte: »Du, das find ich jetzt total super.«

Ich fand es total abwegig. »Ich habe ziemlich viel getrunken«, sagte ich, »und in diesem Zustand gehe ich mit niemandem mehr ins Bett.« Er wollte so besoffen nachts um vier trotzdem mit mir in meine Wohnung. Nach einigem Hin und Her ging er endlich. Ich verriet ihm meinen Nachnamen nicht und auch nicht meine Telefonnummer und war froh, ihn vom Hals zu haben.

Am nächsten Tag rief mir mein junger jugoslawischer

Nachbar vom Balkon aus zu, dass ein Typ mit Fahrrad draußen herumschleicht und die Leute fragt, ob sie mich kennen und wo ich wohne. Der Nachbar hatte ihm gesagt, welche meine Klingel ist, und abends stand der Lehrer mit einer Flasche Mumm vor der Tür.

Ich ließ ihn rein, und es folgte der Abschluss meines Lebens unter Alkoholeinfluss.

Wir machten eine Flasche Rotwein auf, dann den Sekt. Ich erklärte ihm, dass ich Opfer von sexuellem Missbrauch sei und deshalb auf dem sexuellen Sektor ziemlich geschädigt. Ich sagte ihm, dass ich wegen meiner Erkrankung seit etwa drei Jahren versuchte, sexuell enthaltsam zu leben, aber einige Rückfälle gehabt hätte. Ich erklärte, dass diese Rückfälle, die immer unter Alkoholeinfluss stattgefunden hatten, sehr abstoßend gewesen seien und ich mit ihm keinen weiteren erleben wollte.

Er antwortete, dass er mich total gut verstehen würde, aber in Wahrheit verstand er gar nichts. Ich sagte ihm, dass ich ein Alkoholproblem hatte und er meiner Ansicht nach auch, aber das kapierte er auch nicht.

So redeten wir stundenlang aneinander vorbei und soffen. Wir saßen in meiner Küche und redeten blödes Zeug, während er nur darauf wartete, bis ich endlich nachgeben und mit ihm ins Bett gehen würde.

Als wir den Rotwein und den Sekt intus hatten, ging der Lehrer zur Kneipe gegenüber und kaufte ein paar Flaschen Bier. Die tranken wir auch noch.

In mir war eine gähnende Leere, und ich kapitulierte gegen drei Uhr morgens. Ich wollte es nur noch hinter mich bringen, damit dieses nervenaufreibende Theater zu Ende wäre. Von allein würde dieser Typ mit Sicherheit nicht gehen, und ich war nicht in der Lage zu sagen, »so, Feierabend, und jetzt verzieh dich«.

Der Morgen danach war genauso, wie ich es mir vorgestellt hatte: Mein Mund war total trocken, mein Kopf schmerzte, und mich ekelte vor dem Typen in meinem Bett. Ich fragte ihn, ob er bitte sofort gehen könnte.

Er sagte allen Ernstes, dass er die vergangene Nacht schön gefunden hätte, während er seine rote Jeansjacke vom Boden klaubte. Ich antwortete, dass ich wegen des Alkoholspiegels keinerlei Empfindungen gehabt hätte. Er schaute verletzt drein, warf die Jacke über die Schulter und zog die Wohnungstür hinter sich ins Schloss.

An diesem Samstagmorgen sagte ich mir noch, dass ich es eigentlich ganz gut überstanden hätte.

Als dann, wie jeden Abend, meine Alkoholstunde schlug, langte ich umso gnadenloser hin. Ich ließ mich voll laufen und wartete in der blauen Bar allen Ernstes darauf, ob der Lehrer jetzt reumütig angekrochen käme.

Am Sonntag ging es mir dreckig, und ich stattete dem »Woodpecker« einen Besuch ab, wo diese wöchentliche Blues Session ablief, bei der ich manchmal gespielt hatte und gut ankam am Bass und am Schlagzeug, obwohl ich nur aus dem Bauch heraus spielte. Man bekam drei Bier umsonst, wenn man selber spielte. Ich nahm die drei Bier, zahlte die restlichen, die ich mir einflößte, aus eigener Tasche und torkelte in den frühen Morgenstunden nach Hause.

_____ 12. Kapitel _____

NÜCHTERN WERDEN

Am späten Montagmorgen wachte ich auf. Zuerst telefonierte ich herum, weil ich »ans Meer fahren wollte«, und versuchte, mir beim Fremdenverkehrsverein Juist ein Zimmer für die kommenden Tage zu besorgen. Ich kritzelte auf meinem Notizblock herum und konnte mich plötzlich nicht mehr auf das konzentrieren, was mir mein Gesprächspartner am anderen Ende der Leitung sagte.

Ich brach das Gespräch ab und legte den Hörer auf.

Dann nahm ich meine Gelben Seiten und suchte die Nummern der Selbsthilfegruppen für Alkoholabhängige heraus. Ich kapitulierte.

Die Anonymen Alkoholiker beglückwünschten mich am Telefon, dass ich mich dazu entschlossen hatte, meine Probleme in die Hand zu nehmen. Sie gaben mir eine gute Genesungsprognose, weil ich relativ jung war. Der Leiter der Gruppe, selbst ein seit Jahren trockener Alkoholiker, erklärte mir, dass viele erst Hilfe suchten, wenn sie alles verloren hatten. Job, Familie, Wohnung, einfach alles. Er machte mir Mut und lobte mich, dass ich auf einem so guten Weg war.

Ich blieb nüchtern und startete jedes Mal, wenn in meinem Kopf die Flasche aufblinkte, sofort den Gegenangriff.

Ich baute meinen E-bass zu einem Standbass um und

246

nannte ihn meinen »Anti-Alkohol-Bass«, weil ich immer, wenn ich drohte, rückfällig zu werden, an dem Bass herumschraubte, bis er schließlich gebrauchsfertig dastand.

Um meinem Dilemma auf die Spur zu kommen, bestellte ich mir in der Buchhandlung im Altonaer Einkaufszentrum *Die Sucht, gebraucht zu werden* von Melody Beattie, *Die Flucht vor der Nähe* von Anne Wilson Schaef und *Heilen der Sexualität* von Janet G. Woititz. Sie trafen ins Schwarze.

Sie trafen so sehr, dass mir auf der Stelle speiübel wurde, als ich zum ersten Mal darin herumblätterte. Die Dinge, die ich als Kind erlebt hatte und deren Folgen nun mein gesamtes Dasein überschatteten, hatten eine Struktur. Es gab *Namen* für das, was man mit mir gemacht hatte. Da, wo ich bisher nur undeutliche Erinnerungsfetzen gesehen hatte, erkannte ich nun klare Zusammenhänge.

Ich ließ es langsam an mich heran, und es gab viele Tage, an denen ich so niedergeschlagen und verzweifelt war, dass ich nicht wusste, wie es weitergehen sollte.

Es ging aber weiter. Jedes Mal, wenn ich diesem Berg von Angesicht zu Angesicht gegenüber stand und mir sagte: »Okay, es wird ein langer, steiniger Weg«, kam ich meinen eigenen Zusammenhängen etwas mehr auf die Spur.

Ich verstand, wo ich war und wie ich hierher gekommen war. Ich sah etwas, auf das ich mich hinbewegen konnte, und es gab immer mehr am Wegrand, das mir Mut machte, diesen Weg zu bewältigen. Ein Buch, das mir half, meine begrabenen Träume wiederzufinden. Ein Film, der davon handelte, allen widrigen Umständen zum Trotz ein Tänzer zu werden. Ich sog diese Weggefährten in mich auf wie ein trockener Schwamm das Wasser. Lieber wollte ich ein Licht in die Welt tragen, anstatt im Dunkeln zu vegetieren.

Ich akzeptierte, dass es kein »Happy End« gibt, sondern

dass sich die innere Arbeit, die ich zu leisten habe, bis zu meinem Lebensende fortsetzen wird. Ich räumte weiter auf und erkannte, dass meiner Alkoholsucht eine Beziehungssucht zugrunde lag, und ich begann, selbstverantwortlich zu leben und auch diese Sucht abzubauen. Ich akzeptierte, dass ich Opfer von sexuellem Missbrauch war, und dass ich diese innere Distanz, die dadurch entstanden war, mein Leben lang würde spüren müssen.

Ich erkannte, dass die schmerzhaften Beziehungen, die ich als »Liebe« empfand und die mich stets mit dem Gefühl, missbraucht worden zu sein, zurückließen, ein Resultat meiner gestörten Beziehungsmuster waren, und ich begann, mich aus diesen Abhängigkeiten zu befreien.

Ich lernte, dass ich deswegen kein schlechter Mensch war, und arbeitete an meiner Überzeugung, dass ich es wert war, die Musik zu machen, die mir gefiel.

Ich lernte, meine Bedürfnisse zu äußern, und diese gegen Widerstände durchzusetzen, auch wenn ich dadurch als »schwierig« und »nicht nett« galt.

Ich stellte fest, dass ich dazu in der Lage war, meine Emotionen unter Kontrolle zu bringen und sie für mein Leben zu nutzen, anstatt mich von ihnen blockieren zu lassen.

Ich entdeckte den Reiz am Spielerischen und die Freude, die ich dabei empfand, wenn ich selbstständig gearbeitet hatte. Andere empfand ich nicht länger als Bedrohung. Ich erkannte, dass es sich lohnte, Vertrauen zu lernen.

Ich konnte mich auf den Weg machen.

* * *

Eines Morgens wachte ich auf und wusste, dass meine trostlose, schwierige Zeit in Hamburg abgelaufen war.

Ich musste nach Hause zurück, um den Schatten, den ich

mit aller Macht versucht hatte abzuschütteln, in mein Leben zu integrieren.

Ich kündigte die Hamburger Wohnung im Oktober 2000 und trennte mich von vielen Dingen, die ich jahrelang mit mir herumgetragen hatte. Ich verschenkte sie, obwohl sie einen »gewissen Wert« hatten und obwohl es einigen Aufwand gekostet hatte, sie überhaupt in diese Wohnung zu bekommen.

Ich brauchte sie nicht mehr. Nur das Allerwichtigste ließ ich huckepack von einer Umzugsfirma nach Essen bringen, die meine Sachen zu einem großen Umzug stellte, der Richtung Ruhrgebiet ging.

An dem Tag, an dem ich meine Wohnungsschlüssel bei der Hauswartin abgab, rief ich Udo an, mit dem ich seit Jahren nicht gesprochen hatte. Ich fragte ihn, ob er wüsste, wie ich Gabriele erreichen könnte, denn ich wollte ihr einen wertvollen Kunstband zurückgeben, den ich nun auch schon seit drei, vier Jahren mit mir herumschleppte und der seine anderthalb Kilo wog. Gabrieles Nummer war nicht mehr existent, und über die Auskunft hatte ich auch keinen Erfolg, weil es keinen neuen Eintrag gab.

Vielleicht ist sie weggezogen, dachte ich, aber Udo erzählte mir etwas anderes: Gabriele, die unverwüstliche, ewig schaffende drahtige Kunstlehrerin, war vor einigen Wochen an Lungenkrebs gestorben. Sie hatte sich zu Tode geraucht. Udo hatte sie noch ein, zwei Mal im Krankenhaus besucht, und nachdem die Diagnose feststand, sei es ganz schnell gegangen. Ich glaubte es zuerst nicht und sagte ein paar Augenblicke gar nichts.

Udo erzählte noch, dass Lotti, die zu diesem Zeitpunkt mehr als zehn Jahre entgegen der Diagnose der Ärzte mit Brustkrebs überlebt hatte, drei Monte später daran verstorben war.

Noch einmal ging ich durch die riesige, leere Wohnung, dann schulterte ich meinen Anti-Alkoholbass und meine persönlichen Sachen, ging zum Bahnhof Altona und nahm eine S-Bahn zum Hauptbahnhof.

Als ich am Bahnsteig auf den ICE wartete, der mich nach Essen bringen sollte, fiel mein Blick noch einmal auf die Leuchtreklame eines Spielsalons: Ein riesiges Roulettespiel hing da mitten unter dem Bahnhofsdach, und alle paar Minuten setzte sich eine Kugel aus gelbem Licht in Bewegung, um in einem der Felder zu landen. Ich musste grinsen.

_____ 13. Kapitel _____

NÜCHTERN BLEIBEN

In Essen bezog ich eine kleine Dachgeschosswohnung mit Blick auf den Gervinus Park. Der harte Kern von Leuten, dem ich vor Jahren den Rücken gekehrt hatte, saß immer noch auf den Parkbänken, als wäre ich nur ein, zwei Tage weg gewesen.

Wenn ich jemanden sah, den ich von früher kannte und der sich innerhalb der letzten Jahre in einen dieser stereotypen, gesichtslosen Alkoholiker verwandelt hatte, wurde mir klamm ums Herz. Ein paar Leute hatten in der Zwischenzeit richtig abgebaut.

Ich drehte meine Runden durch den Park und blieb nüchtern.

Die Aussicht, meine erste Tournee zu spielen, half mir dabei. Im März sollte sie starten.

Durch einen glücklichen Zufall war ich im Januar 2001 zu einer Band gekommen, wir hatten sieben oder acht mal geprobt, und die Songs gingen plötzlich in eine ganz andere Richtung.

Es war, als holte ich mir meine Musik zurück.

Zwei Wochen vor Tourstart ging ich zum Zahnarzt und ließ mir die schlimmsten schwarzen Stellen richten, damit ich auf der Bühne den Mund aufmachen konnte. Ich schämte mich, weil man mir so deutlich ansah, dass ich nach wie vor auf ganz dünnem Eis ging. Ich hatte Angst, mit den

Jungs aus der Band sieben Tage so eng beisammen zu sein, aber ich wusste, das dies die Schallmauer war, die ich durchbrechen musste.

Ich musste nach draußen, und ich musste, nach all den Jahren, in denen ich niemanden an mich herangelassen hatte, Kontakt aufnehmen.

Insgesamt kamen drei mal mehr Leute zu den Konzerten, als die Zahlen in den Computern der Vorverkaufsbüros prophezeit hatten.

* * *

Ein paar Monate nach der Tournee hörte ich damit auf, mein Gesicht hinter Schminke zu verstecken. Laurent, mein Freund, mit dem ich seit dem zusammenlebe, findet mich so, wie ich bin, am schönsten.

Trotz der Narben.

Ich hatte es tatsächlich geschafft.

EPILOG

Zu einer Zeit, in der ich mich blass, kahlgeschoren und mehr tot als lebendig durch die Tage und Nächte schleppte, hatte ich einen Traum, der für mich von immenser Bedeutung war, weil ich mich in all meiner Hoffnungslosigkeit an ihn klammern konnte.

Ich nannte ihn meinen »Hemingway–Traum«. In dieser Vision trug ich helle Leinen-Kleidung, hatte gebräunte Haut, langes blondes Haar, saß auf einer Holzterrasse am Meer und schrieb ein Buch. Ein Buch über meine Geschichte.

Es war ein langer Weg, um diesen Traum Wirklichkeit werden zu lassen, und ich möchte mich von ganzem Herzen bei allen Menschen bedanken, die mir geholfen haben, diesen Weg zu gehen.

Allen voran Laurent, der mir Tag für Tag seine Liebe, Kompetenz und Aufmerksamkeit schenkt; Martina Sahler und Kathrin Blum, die so umsichtig mit mir an diesem Buch gearbeitet haben; Anja Kleinlein, die dieses Buch durch ihre Hartnäckigkeit und ihr Interesse erst möglich gemacht hat, und last, but not least: Fred, der mir ein guter Berater war, ist und immer sein wird.

Katja Maria Werker, im November 2001.

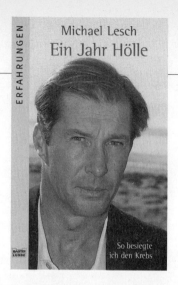

Im November 1999 bricht der Schauspieler Michael Lesch plötzlich zusammen. Diagnose: verschleppte Lungenentzündung. Doch dann entdecken die Ärzte – eher zufällig – mehrere Tumore im Schulter- und Brustbereich sowie im Magen. Morbus Hodgkin, Lymphdrüsenkrebs. Michael Lesch übersteht mit ungeheurer Willensstärke die Chemotherapie und zahlreiche Komplikationen. Mehr als einmal hängt sein Leben an einem seidenen Faden. Er besiegt den Krebs und kann schon nach einem Jahr wieder ein renommiertes Golfturnier gewinnen.

ISBN 3-404-61490-9

Ben und Wendy Harrington freuen sich sehr auf ihre erste Tochter. Doch kurz nach der Geburt fällt ihnen auf, dass Kate anders reagiert als andere Kinder. Sie lächelt zwar häufig, doch sie lernt viel langsamer. Nach einigen Monaten stellt sich heraus, dass Kate geistig behindert ist und viel Aufmerksamkeit und Pflege braucht.

Ben gibt seine Arbeit als Richter auf, um ganz für seine Tochter da zu sein. Und er erkennt, wie viel seine Tochter ihm geben kann.

ISBN 3-404-61489-5